윤대성 희곡 전집

·

3

윤대성 희곡 전집

· 3

평민사

윤대성 희곡전집

차 례

서문

　재작년부터 제자들이 나의 정년퇴직 기념사업 준비를 위해 모임을 가진다는 얘기를 전해 들었을 때 한편으로 고맙기도 했지만 내가 어느새 65세 노인이 된다는 사실에 아연했다. 나는 자신이 항상 젊다고 생각했고 또 철이 덜 든 젊은이처럼 그렇게 말하고 행동했다. 그러나 오는 세월을 나라고 막을 수 있겠는가? 그래서 제자들에게 군이 정년퇴직 기념행사를 하려면 연극을 공연한다든가, 세미나를 하는 번거로움은 말고 그 동안 내가 발표한 작품들을 모은 전집 출간을 하자고 제안했다.

　내 희곡집은 그 동안 네 권이 나와 있는데 함께 다시 편집해서 연극을 공연하는 단체나 희곡을 연구하는 후학들이 내 희곡의 특색을 한눈에 알아 볼 수 있게 전집으로 나누어 내는 데 합의했다.

　첫째 권은 내 데뷔작품 「출발」을 비롯한 예술과 사랑, 가족과 개인의 갈등 같은 주로 존재의 문제를 다룬 작품들로 거의가 그 주인공이 나의 분신이라 할 수 있는 작가의 사적인 경험을 바탕으로 한 작품들이다.

　둘째 권에 수록된 작품들은 한국 전통극에 대한 나의 관심이 표출되어 70년대 전통의 현대화란 한국 연극사의 화두를 연 작품들이다.

　셋째 권은 나의 출세작 「출세기」를 비롯하여 우리 사회의 부조리한 모순 등의 제 문제를 다룬 사회문제극들을 모았다.

넷째 권은 청소년을 위한 별들 시리즈 3부작을 비롯하여 뮤지컬 계통의 작품을 실었다. 마지막 작품 「사스가족」은 뮤지컬은 아니지만 「당신 안녕」 이후 너무 무거운 내 작품 경향에서 탈피하여 마치 만화를 그리듯 가볍고 즐겁게 그러나 현대 사회의 문제를 꼭 집어내는 코믹 가족극을 만들려는 새로운 시도를 보인 작품으로 앞으로의 내 작품의 방향을 선보이는 뜻에서 "방황하는 별들"과 함께 실었다.

이들 작품 외에 아마추어 시절의 작품 「손님들」, 「형제」, 「아들들」, 「어쩌면 좋아」, 「열쇠」와 전문 극작가 시절의 작품인 「목소리」, 「더러운 손」, 「파벽」, 「사의 찬미」(대극장 공연 작품), 「어느 아버지의 죽음」 등이 있으나 이번 전집에서는 제외했다. 이유는 내 마음에 썩 들지 않거나 각색 작품(「더러운 손」, 「어느 아버지의 죽음」)들이기 때문이다.

정년을 기념해서 내놓는 전집이지만 나는 대학 교수가 정년이 되었다는 것뿐이지 극작가로서의 활동이나 생활은 이제부터가 시작이라고 생각한다. 내가 정년이라는 소문이 나면서 벌써부터 작품의뢰가 쏟아진다. 그 동안 대학 강의 때문에 바쁠 것이라고 지레짐작하고 청탁을 못했던 극단이나 기획자가 이젠 마음 편히 작품을 부탁하고 있다.

앞으로 몇 년간 매년 내 작품이 공연되는 광경을 보게 될 것이며 계속 작품을 쓸 것을 여러분과 약속한다. 이번 전집 발간에는 서울예대 극작과 제자들의 노고와 학생들의 꾸준한 협조가 바탕이 되었음을 강조하고 싶다. 특히 내 제자이며 조교였던 이상범 교수, 조태현, 성혜영 그리고 이 어려운 시절에 전집출판을 쾌히 승낙한 평민사 관계자들에게 감사드린다. 내가 감사해야 할 사람들이 어찌 이들뿐이겠는가? 고마워하는 내 마음이 여러분들에게 속속들이 전해지기를 바랄 뿐이다.

2004년 1월 송추 자택에서

윤 대 성

한국희곡문학계의 이정표

차 범 석 | 극작가, 예술원 회원

극작가 윤대성 씨와 나는 여러 면으로 인연을 맺고 있다. 대학 동문이라는 것, 같은 극작가의 길을 걸어왔다는 것, 서울예술대학 극작과 교수로 함께 있었다는 경력이 그것을 분명히 말해주고 있다. 그러나 보다 개인적인 면에서 윤대성 씨가 늦장가를 갔을 때 나더러 주례를 서달라는 청을 받았을 때부터 우리의 끈끈한 인간관계가 시작되었다고 해도 과언은 아닐 것이다.

은행원으로서 정착된 생활을 하고 있으면서 틈틈이 희곡을 쓰거나 직장 연극서클을 지도해 오던 윤대성 씨는 누가 보더라도 착실하고 빈틈없고 사리에 분명한 모범적인 사회인이었다. 그래서 혼기도 다소 늦어진 편이었다. 그런데 나하고 나이 차이로는 10년 좀 넘는 터이고 결혼 주례감으로는 대학교수나 은행측에서도 얼마든지 적임자를 모셔올 수 있었을 터인데도 젊은 나더러 굳이 주례를 서달라고 일방통행으로 결정을 내리던 그 날의 그의 표정은 아직도 눈에 선하다. 상투적인 형식을 싫어하고, 시류에 편승하기를 경멸하고, 타성이나 관성에 떠밀려 그런대로 한 세상 살다가는 사람을 기피하고, 말 없는 가운데 자성과 자기연마와 자기세계의 개척에 혼신의 힘을 기울이려는 그의 의지를 나는 꿰뚫어 볼 수가 있었다. 뿐만 아니라 그로부터 약 30년, 해마나 설 명절 때는 틀림없이 세배를 왔다. 그것도 부부동반이며 선물은 〈초이스〉 커피 한 통이 지정상품이었다. 나는 그 한 가지만으로도 극작가 윤대성 씨가 어떤 삶을 추구하고 있으며, 그 삶의 응고체이자 자기성찰의 피나는 흔적이 바로 이 책에 실린 수많은 희곡에 땀과 피와 한숨과 눈물의 결정체로 우리 곁에 다가온 것을 누구보다도 축하하는 사람 가운데 하나임을 자부하고 있다.

극작가 윤대성 씨는 보기 드문 극작가이다. 내가 굳이 보기 드물다는 형용사를 쓴 것은 그가 희곡이나 연극에 대한 욕구와 집념이 남다르다는 뜻도 있지만 오늘의 연극이 어찌보면 난장판을 치루고 허세를 부리고 모방과 표절을 무슨 재치로 여기는 판국에서 그는 오직 정도(正道)와 지사(志士)적 고집으로 일관해 왔다는 사실이다. 투철한 역사의식이나 민족의식을 바탕에 두고 역사적 현실을 예리하게 투시하면서 돌진하는 모습은 처절하게 느껴질 때가 있다. 그런가 하면 혼탁과 상실의 현실 속에서 한국의 정신세계를 재조명하는 가운데 문화비평이나 사회변천의 병리를 해학과 풍자와 패러디로 엮어나가려는 연극성의 탁월함을 피부 가까이 느낄 때마다 극작가 윤대성이 새삼 작은 거인으로 느껴졌던 것도 나의 솔직한 심정이다. 자기 소신에서는 한 치도 물러서지 않되 상반되는 경향성 작품에는 냉담할 정도로 창문을 닫고 말을 아끼는 그의 몸가짐은 분명 지사(志士)의 경지가 아니고서는 흉내낼 수 없는 일이다. 이웃나라 일본이나 미국을 뻔질나게 드나들면서, 이른바 '현대연극'이라는 라벨을 갖다 붙이면서 앞서가는 양 호기를 떨치는 후배작가들에게 냉담할 정도로 비평하는 극작가 윤대성 씨의 의지와 지성은 누구나 해낼 수 있는 몸짓은 아닐진데 나는 감히 그를 보기 드문 극작가라고 말하고 싶다.

오늘날 한국의 연극은 새판을 짠다고들 한다. 바꾸어 말해서 극작가 윤대성 씨를 포함해서 기성세대에게는 희망도 보람도 없으니 새로운 세대들이 연극계에 새판을 짜기라도 하려는 듯 기염을 내뿜고 있다. 매우 고무적이다. 그러나 매우 위험한 객기다. 뿌리가 없는 넝쿨들만 무성하기 때문이다. 낡았다는 것과 해를 묵혔다는 것은 전혀 별개의 개념이다. 극작가 윤대성 씨가 그 동안 작품을 집대성한 이 전집을 한국희곡문학계의 하나의 이정표가 될 것이다. 따라서 무엇이 새롭고 무엇이 낡았는가라는 답은 그때 가서 해도 늦지 않을 것이다. 평생을 걸고 희곡을 써나온 사람에게 있어서 유행성 경향만큼 허망하고 서글 픈 건 없다. 기나긴 세월을 두고 흘러내리는 강 앞에서 누가 그 강의 전모를 정시할 수 있으랴. 나는 그런 관점에서 극작가 윤대성 씨의 희곡 전집을 더할 수 없는 무게와 존경심을 모아 축하하는 바이다.

미친 동물의 역사

곳

어떤 방안. 뒷쪽 벽엔 팝 아트 계통의 그림들. 여인의 얼굴. 공장의 굴뚝. 경제개발 반공 방첩 포스터. 태극기 등의 현란한 그림으로 차 있다. 좌측에 하얀 침대가 있다. 곳곳에 적당히 앉을 만한 층계. 전체무대는 아름답기보다 비틀린 마음을 나타내는 듯 강렬하고 그 중에서도 호소력 있는 색감으로 구성되면 되겠다.

막이 오르면 침대에 흰 옷을 입은 여인이 반쯤 몸을 일으킨 채 뒤쪽을 보고 있다. 한쪽 구석엔 허 선생이 쭈그리고 누웠고 다른 구석엔 박 역시 구차한 자세로 누워 있다. 울부짖는 듯한 신음소리를 내면서, 처절한 하모니카(또는 오르간) 소리 들린다. "여보시오! 이게 무슨 짓들입니까? 도대체 사람을?" 등. 여인 몸을 돌려 관객 쪽을 본다. 창백하지만 아름다운 얼굴이다. (반드시) 관객석 복도로부터 검은 복장─가운 같은─에 가죽띠를 두른 감시원1, 2 관객석에 있던 사나이를 끌고 들어온다.

사나이 (끌려 무대에 오르며) 아니 왜들 이러시오? 당신들 도대체 뭐
요?

감시원1 차차 알게 될 거요!

감시원2 여기 친구들과 같이 있으면 왜 이리 왔는지 알게 되지.

허 (일어나며) 어서 오십시오. 선생님!

박 잘 왔소. 심심하던 차에…….

여인 잘 생겼군요!

사나이 도대체 이 사람들은? …….

감시원1 미친 사람들이오.

허 이 분은 무엇 때문에 왔나요?

감시원2 고발당했지요.

사나이 뭐라고요? 고발이라니? …… 잘못 알았겠…… 여보시오 난
예술가요. 화가란 말입니다. 고발당할 일이라곤 없소. 도대체
무슨 일을 했기에 고발당했단 말입니까?

감시원1 차차 알게 된다구요!

감시원2 당신의 이웃 사람이 고발했으니까요…….

사나이 이웃이라고? 핫…… 내겐 아는 이웃이라곤 없습니다. 아파트
에 나 혼자뿐이죠. 당신들은 무언가 착각한 모양이군요.

박 제가 당신의 이웃입니다.

허 저도 선생님의 이웃이랍니다.

사나이 난 당신 같은 사람들 본 적이 없소.

여인 전 당신을 여러 번 본 것 같아요.

감시원2 틀림없지. 우린 실수한 적이 없으니까. (나가려 한다)

사나이 잠깐만, 날 어쩌려는 거요?

감시원1 익숙해 질 때까지 기다려야 하오.

사나이 익숙해 지다니?

박 이 세상에 말이겠죠.

감시원1 그래! 네 말이 맞다. (사나이를 가리키며) 저 자는 아무데도 맞지가 않아. 필요없는 존재야. 집행해 버리는 게 낫지 않을까?

감시원2 아직 희망은 있어. 두고 보지. (무대 뒤로 퇴장한다)

사나이 여보시오! 여보! 잠깐만……. (소용없는 줄 알자 층계에 주저 앉으며) 여긴 도대체 어디요?

박 대기실!

허 수용소!

여인 호텔.

사나이 난 도대체 왜 여기에 와 있는 거요?

박 미쳤으니까, 여긴 모두 미친 사람들뿐이랍니다.

허 전 미치지 않았습니다. 이 자들이 미친 거요. 저 밖에 있는 살인자들이 우릴 미친놈으로 알고 있는 거죠. 그렇지만 미쳤다는 상태가 과히 나쁜 건 아닙니다. 두고 보십시오. 도리어 마음 편한 일인지도 모릅니다.

박 (미친놈처럼 웃으며) 헤…… 여하간 환영합니다.

사나이 (외면하며) 참 어이없는 일이군. 한밤중에 느닷없이 사람을 끌어내 놓고는 고발을 당했다고 가두다니?

허 늘 그러지 않습니까? 전 아주 익숙해졌습니다.

여인 예술가시라죠?

사나이 (롱명스럽게) 화가요!

여인 (가까이 오며) 정말 미쳤나요?

사나이	뭐요?
여인	여긴 정신이상자들이 오는 곳이래요.
사나이	제기랄……. (외면한다)
여인	너무 초조해 하지 마세요. 차차 익숙해 질 거예요.
사나이	도대체 당신들은 뭐요?
여인	……난, 나는…… 여자예요.
허	전 선생입니다. 중학교 교장입니다. (한껏 위엄을 부린다)
박	전 교통순경입니다. (교통정리하는 손짓을 한다. 목에 건 호각을 분다)
여인	좀 조용히 해 주세요!

박, 멀쑥해서 호각과 손짓을 멈춘다. 사나이 어이없다.

사나이	이건 뭔가 잘못됐어…… 허지만 날이 밝으면 사실이 가려지겠지. 사람을 잘못 본 게 틀림없어. 어디에나 실수는 있는 거니까.
허	선생, 화가 선생…… 바깥 세상은 여전한가요?
사나이	(귀찮은 듯) 여전하다니요?
허	양심은 고문당하고, 어린아이는 유괴당하고, 총부리는 안으로 향하고, 살인은 살인을 낳고, 사상은 사상을 죽이고, 얼룩진 역사가 되풀이되는 세상! 권력은 부패와 친척을 맺고, 구호는 약 광고를 선전하고, 경제개발은 저축을 부르고, 저축하면 장작 두 평은 살 수 있는 그런 세상 말이오!
박	(노래를 부른다) 세상이 요구하는 건 양심! 권력이 즐겨하는

건 청렴결백. 나는 양심이란 이름의 갈보를 아네. 청렴결백이란 요정에서 봤네.

사나이 난 그런 데 관심 없소. 내가 하는 일은 그림을 그리는 것뿐이오. 난 남에게 신세진 일도 없고 살인한 일도 없고 남의 일에 간섭한 적도 없소. 그 대신 남의 간섭을 받기도 싫어하는 사람이오, 난 나 혼자요. 난 내가 원치도 않는데 이런 곳에 갇혀 있을 이유도 없소······. 난 그림을 그리는 것 외에는 아무 일도 하고 싶지 않고 또 한 적도 없소. 누가 고발을 했다고 해도 난 전혀 무죄요!

박 아―, 선생님은 물론 무죄입니다. 그렇지만 죄 없는 사람일수록 벌이 무거운 세상입니다.

허 공동운명이란 거지요.

사나이 죄송하지만 전 지금 댁들과 얘기할 기분이 아닙니다.

여인 그렇지만 우리 얘기가 하고 싶은데······.

사나이 전 혼자 있고 싶습니다.

박 방은 이것뿐인데요.

허 인간을 기피하는 성격! 우월감······ 화가 선생에겐 무슨 컴플렉스가 있습니까. 그것이 죄를 낳은 거죠. 선생은 자신을 아십니까? 자신을 까뒤집어 엎으세요. 그리곤 다시 한번 자신을 돌아보십시오. 어디엔가 잘못된 곳이 있음에 틀림없습니다.

박 (울상이 된다) 나는 누굽니까? 나는 암만 까뒤집어도 누군지, 어디서 왔는지, 왜 왔는지 모릅니다. 교장 선생님. 도대체 나는 왜 왔습니까? 왜 있어야 합니까?

허   있다는 자체에는 회의를 느끼지 말라니까……. 자네가 교통
        순경이었다는 사실은 틀림없어.

박   전 사람입니까?

허   교통순경이지.

여인   미친 동물이에요!

박   (허우적거리며 호각을 분다) 스톱! 스톱!

사나이 정말 미쳤군!

허   불쌍한 사람이죠. 10년 동안 교통순경이었는데 결국 가족들
        이 모두 집단자살을 해버렸답니다. 부인과 어린아이 둘이 한
        꺼번에…….

박   (노래한다) 나는 양심이란 갈보를 아네. 청렴결백이란 요정에
        서 봤네.

여인   지긋지긋해…… 언제나 이렇다니까…… 온통 가슴 아픈 얘기
        뿐이야. (관심은 사나이에게 있다)

허   어디서나 있는 일인데…… 익숙해 져야지…… 그저 몸짓만으
        로 표시하면 되는 거야…… 입과 표정이 중요한 거지.

여인   (사나이에게 오며) 화가 선생님, 꽃을 그리시나요? 여인을 그
        리시나요?

사나이 그런 건 안 그립니다.

허   역사 자체를 그리시는 분이야.

여인   제가 그럼 바로 역사예요. 절 그려주세요…… 사랑스러운 여
        인을.

사나이 (룽명스럽게) 사랑 같은 덴 관심없습니다.

여인   그럼, 그냥 여인만을 그려주세요.

사나이 전 지금 피곤합니다. 부인, 나중에 제 아파트로 오십시오. 전 빨리 돌아가야 합니다.

여인 부인이 기다리시나요?

사나이 부인 같은 것 두고 있지 않습니다. 전혀 혼자입니다.

여인 (사나이의 어깨에 손을 얹으며) 외로우시겠군요.

사나이 흥……. (여인에게 관심을 갖기 시작한다)

허 어차피 외로운 동물인걸…….

사나이 자유스럽습니다.

허 (손뼉을 친다) 알았습니다. 화가 선생에겐 반항 컴플렉스가 심하게 작용하는군요…… 혁명을 시도하려는 겁니다. 그래서 고발당한 겁니다.

사나이 하- 전 혁명 같은 건 모릅니다. 그렇게 무조건 때려잡지 마십시오.

여인 앉아 있는 사나이에 기댄 채 머리를 쓰다듬고 있다. 사나이 싫지 않은 표정이다. 그 동안 괴상한 몸짓을 한 채 잠자코 있던 박, 사나이와 여인을 재미있는 듯 보며 주위를 돈다.

박 게임이 시작되는군.

여인 (힐책하듯) 조용하세요!

박 돈이 있어야 합니다. 저 여자는 돈을 받습니다.

허 (엄숙히) 돈은 아껴서는 안 됩니다. 아예 저금을 하지 마십시오. 저금을 하면 장작 두 평은 살 수 있지요.

사나이 (여인에게) 도대체 저 사람은 무슨 말을 하는 거요?

여인　약간 이상해요. 돈 얘기만 하면 저렇게 열을 올린답니다. 교장선생으로 15년 근속할 동안 꼬박꼬박 저금을 했대요. 우편저금을…… 그런데 15년 후엔 그 돈으로 겨우 장작 두 평밖에 살 수가 없었대나요?

사나이　그건 왜요?

여인　인프레이션, 데프레이션.

박　파운데이션!

여인　어- 마- 화장을 안 했네……. (침대로 뛰어가 손거울을 꺼내들고 정성스럽게 얼굴을 만진다)

박　(허공에 대고) 그렇게도 흔해 빠진 화장품…… 크림 한 갑, 분 한 통도 못 사 준…… 아모레…… 여보- 여- 보. (울부짖는다)

허　쯧, 여편네 생각이 나는 모양이군.

박　(노래 부른다) 세상이 요구하는 건 양심. 권력이 즐겨하는 건 청렴결백. 나는 양심이란 이름의 갈보를 아네. 청렴결백이란 요정에서 봤네. (흐느껴 운다)

허　쯧쯧…… 나는 왜 여태 살아있나? 난 겨우 교장선생, 표창장, 우편저금, 경제개발, 반공정신…… 장작 두 평뿐인데. 죄 없는 어린아이만 유괴살인하고 난 왜 유괴하지 못하나…… 쓰레기통. 모범 쓰레기통! (박에게 다가가 위로해 준다)

여인　(머리를 풀어 늘어뜨리며) 이리 오세요. 여기 따뜻한 침대에서 몸을 녹여요. 날이 밝으려면 한참 있어야 해요…… 어차피 기다려야 하지 않아요? (사나이가 움직이지 않자) …… 저 누구이 자크 좀 내려주시지 않겠어요?

욕정이 일기 시작한 사나이 서서히 움직여 여인에게로 다가간다. 박과 허는 서로 끌어안고 있다.

사나이 (여인의 가운의 지퍼를 내리며) 당신은 아름답군요!

여인 고마워요…… (가운을 벗어 어깨를 드러내며) 아- 이렇게 시원한 걸…… 옷은 왜 입고 있어야 한담.

사나이, 여자의 머리칼을 움켜쥐며 서서히 어깨에 얼굴을 묻기 시작한다. 여인 키들키들 웃으며 몸을 돌려 사나이를 품에 안는다.

사나이 사랑스러운…… (잘 들리지 않는 말을 중얼거리며 파고든다. 박과 허, 여인의 괴상한 웃음소리에 몸을 일으켜 침대를 바라본다. 움직이지 않은 채 조용히 그들의 일거일동을 주시하고 있다)

여인 사랑하세요? (사나이, 고개를 끄덕인다) 사랑할 수 있을까요?…… 자- 이리 들어오세요.

사나이에게 홑이불을 뒤집어 씌운다. 두 사람의 상반신만 나와 있게 된다. 박과 허, 서로 바라보며 고개를 끄덕인다.

여인 사랑한다는 건 즐거운 일이에요…… 사랑할 수만 있다면!

사나이 (귀찮은 듯) 사랑한다니까!

여인 욕정뿐이에요…… 전 선생님을 사랑하고 싶어요. 그런데 사랑할 수 없군요…… 왜 이럴까요? (소녀 같다)

사나이	상관없습니다……. (머리끝까지 이불을 뒤집어쓴다. 둘 다 이불 속에 들어있는 게 된다)
허	지금 뭘 하고 있을까?
박	돈을 받고 있을 거예요.
허	쯧쯧, 돈은 써버려야지…… 아껴선 안 되지.
박	전 쓸 돈이 없는 걸요?
허	월급을 주지 않아?
박	집단자살 할 만큼밖에 안 줘요…… (울먹해지며) 양심이 허락치 않아요…… 저더러 어떻게 하란 말이에요.
허	기도를 해야지. 기도를 하게.
박	기도하겠어요. (자세를 바로한다) …… 그런데 누구한테 하죠?
허	(당황한다) 생각나는 사람 아무한테나 하게.
박	(끙끙거리다가) 여편네밖에 생각 안 나요.
허	그럼 여편네한테 하면 되잖아?
박	죽은 걸요.
허	기도는 죽은 사람에게 하는 거야. 살아 있는 사람은 듣질 못하니까…….
박	(생각을 짜내며) 여─보. 미안해!
허	(엄숙히) 아─멘!
사나이	(이불을 걷어차며 나온다.) 제기랄…… 사랑이 무슨 아랑곳이람.
여인	전 선생님의 모델이 아니에요. (울먹이며) 전 사랑을 원해요.
박	저 여잔 매춘부예요!

허	쯧쯧…… 돈을 너무 아꼈군!
사나이	(자신을 돌아본다) 이게 무슨 꼴이람…… 그런데 여긴 어디오?
허	벌써 잊으셨습니까?
사나이	(난폭하게 한쪽으로 뛰어가며) 여보시오! 여보! 날 내보내 주시오! 내 말 들리지 않소! …… 난 무죄요! 난 미치지 않았단 말이오!
박	드디어 미치기 시작했군.
사나이	(절망) 개자식들! (돌아서면서) 당신들은 도대체 뭐요? 당신들은 나를 재판하려는 거요?
박	자백하시는 겁니까?
사나이	(무섭게 한발 다가서며) 자백? …… 난 자백할 것이 없소! …… 당신은 저들의 앞잡이요? …… 나는 나 혼자요. 아무에게도 무엇에도 속해 있지 않단 말이요. …… 난 아주 자유로워요 …… 난 자유로워지고 싶단 말이요. …… 핫하…… 난 자유야! …… 개새끼들! 미친 자식들! 핫하 …… (미친 듯 웃는다)
허	오해하고 있군!
여인	(떨며) 두려워요! 절 좀 안아주세요! 저들이 나를 죽이려 해요.
사나이	(다가서며) 배반자. 요부…… 그래 안아주지. (여자의 목을 감싼다)
박	매춘부. 갈보. 통금 위반, 즉결재판입니다.
여인	놔주세요. 숨이 막혀요. 전 성당에 갔을 뿐이에요. 마리아님!
사나이	(여인의 목에서 손을 떼고 물러선다) 마리아?

여인 통곡한다.

허   (사나이에게) 기도하십니까?

사나이   저 여잔 누굽니까?

박   매춘부. 통금위반입니다. 제가 발견했죠. 골목에서…….

허   성당이 있는 골목에서…… 오해였답니다…… 그 성당은 매음
        굴 속에 위치해 있었죠.

여인   (울면서) 마리아님!

허   소문이 퍼졌지요. 매음굴에 찾아간 남학생 입에서 말입니다.
        한 입 걸러 두 입 걸러.

박   (관객석에 대고) 이 사람, 저 사람 모두 다 성자지요. 집에 가
        면 공자, 군자, 예수, 마리아, 김지미, 토코페롤…… 할말 있
        어요? 많지요. 한 입 걸러, 두 입 걸러 이 사람, 저 사람, 모두
        성자들 양심을 팝니다. 사주세요. (갑자기 호각을 불며) 스―
        톱. 스―톱. 사고가 났어요. 집단자살…… 여―보!

박, 황급히 호각을 불며 관객석으로 해서 사라진다.

허   (무릎을 꿇으며) 고인의 명복을 빕니다.

여인 침대에서 내려와 무릎을 꿇는다.

사나이   저 사람은 어디에 갔습니까?

허   돌아가셨습니다.

사나이 죽었단 말입니까?

허 무릎을 꿇으십시요. 기도합시다.

사나이 전 기도 같은 거 하지 않습니다. 전 자유입니다. 아무곳에도 속해 있지 않단 말입니다. 강요하지 마십시요.

여인 (일어난다) 예수님은 돌아가셨어요. 그렇지만 전 예수님을 사랑해요. 예수님은 마리아 막달레나를 사랑했어요. 전 마리아 막달레나예요. 당신의 발을 씻겨드리겠어요.

　　　사나이에게 다가와 무릎을 꿇은 채 긴 머리칼로 사나이의 발을 씻으려 한다.

사나이 (여인을 일으키며) 왜 이러십니까?

허 속죄하려는 겁니다. 가엾은 창부입니다.

여인 (완강히) 아니에요. 전 처녀예요. 순결해요.

허 순결했었지요. 소문이 그 여잘 창부로 만들어 버렸습니다. 불쌍한 제자.

여인 (일어나서) 그래요. (관객에게) 당신들이 저를 창부로 만들었어요. 당신들 모두. (악에 받친 듯) 그래요! 전 그래서 당신들 원대로 창부가 됐어요…… 선생님 쉬고 가지 않으시겠어요? 선생님에게 웃음을 나누어 드리겠어요. (사나이의 손을 잡아끈다) 찡그리지 마세요. 전 슬퍼져요…… 전 순결해요. (울려고 한다)

사나이 (여자에게 갑작스런 동정이 간다) 당신은 그 어느 여자보다 순결하고 아름답습니다.

여인   (반색하며) 정말이에요? 전 선생님이 좋아졌어요. 어쩌면 사
　　　랑하게 될지도 몰라요. 전 선생님에게 시집가겠어요. …… 자
　　　이렇게…… (팔짱을 낀다. 그리고 수줍은 듯 고개를 숙인다. 음
　　　악이 들리면 좋다. 사나이, 이 가련한 여자가 하는 대로 내버려
　　　둔다. 허, 두 손을 든다. 마치 축도를 드리는 주례와 같다)

허   사랑하는 내 제자. 내 아들. 장작 두 평뿐인 이 세속에서 벗어
　　　나게 하소서……. 그러나 저들에겐 떠날 곳이 없는 것처럼 갈
　　　곳도 없나이다.

여인   (사나이 팔을 풀며) 전 시집을 갔어요. (침대로 뛰어가 하얀 머
　　　플러를 머리에 두른다) 면사포를 쓰고 사뿐사뿐히……. 웨딩
　　　마—치가 들렸어요. (묵진한 오르간의 웨딩마치 들린다) 왕자
　　　님, 나의 왕자님과 함께— (사나이를 본다) 그인 당신만큼이나
　　　잘생겼어요. 첫눈에 홀딱 반했다니까요. 호호……. 전 순결했
　　　거든요! (음악소리 멈추며 괴음 들린다) 그런데…… (꿈이 깨진
　　　듯) 그런데 첫날밤…… 그의 품에 안기면서…… 나도 모르게
　　　손님, 고데하게 500원만 주세요.

사나이 (기가 차서) 아……!

여인   손님 고데하게 500원만 주세요……. 호호호……. (미친 듯)

허   (울먹이며) 불쌍한 내 딸…… 첫날밤에 쫓겨난 내 딸…….

사나이 그게 사실인가요?

허   사실이랍니다.

여인   손님, 절 안아주세요. 절 사랑해 주세요. 전 두려워요. 절 버
　　　리지 마세요.

감시원들 사람의 머리가 든 쟁반을 들고 들어온다.

허 살인자들!

사나이 (여자를 놓으며) 그건, 그건?

여인 (뛰어가 머리를 받아든다) 이 사람은? 내가 아는 사람이에요.
(머리에 입을 맞추며) 가엾은 사람. 행복한가 봐요. 이 입 좀
봐요. 웃고 있어요.

감시원1 당신들의 이웃입니다.

허 결국 제 여편네 옆으로 갔군.

사나이 그 사람을 왜 죽였습니까?

감시원2 자기 분수를 모르고 어이없는 죄를 저질렀습니다.

사나이 죄라뇨?

감시원1 밀수입을 하다 발각된 겁니다.

사나이 밀수입?

감시원2 양심을 밀수입 하려다가.

사나이 그럴 수가 없습니다. 그건 말이 안 됩니다.

감시원1 글쎄 그렇게 불가능한 일을 무모하게 시도하려 했으니 집행
당할 수밖에 없지 않습니까?

사나이 그렇지만 그런 이유만으로 사람을 죽일 수 있습니까?

감시원1 사람이 죽는 데는 그렇게 많은 이유가 필요없습니다. 화가 선
생. 지금 이 순간에도 이유없이 얼마나 많은 사람들이 죽어가
는지 아십니까? 한두 사람의 생명이란 대수로운 게 아닙니
다.

사나이 그렇지만.

감시원1 그렇지만 뭡니까?

사나이 죽는 사람은 혼자입니다.

감시원2 꽤 까다롭군…… 그럴 필요가 없는데.

허 살인자들!

여인 (머리를 든 채) 전 이 분이 좋아요. 아무 말도 없이 웃고만 있어요. (사나이에게) 좀 보세요!

사나이 (견딜 수 없어) 나를 내보내 주시오! 난 나가야겠소! (발을 옮긴다)

감시원2 (막아서며) 어디로 가려는 거요?

사나이 돌아가야겠소. 이제 이만하면 충분합니다.

감시원2 선생은 나갈 수가 없습니다.

사나이 뭐요?

감시원1 이웃사람들이 고발했다니까요.

사나이 제겐 이웃이 없습니다. 전 아무 일에도 상관한 적이 없습니다. 제발 저를 여기에서 내보내 주십시오.

감시원2 우린 당신을 석방할 권한이 없습니다.

사나이 그럼 누가 권한을 가졌습니까?

감시원2 당신의 이웃이죠.

사나이 내 이웃?

감시원1 자 날이 밝기 전에 시작하지.

감시원2 그러지. (여인에게로 가며) 부인, 준비하십시오.

여인 (반색하며) 저 말이에요?……저를 찾으셨나요?

허 안 됩니다. 안 돼요.

감시원1 영감은 가만 계시오!

허   살인자들! 가면 안 돼. 나가면 죽어! 불쌍한 내 딸.

감시원1 (혁대를 끄르며) 이 영감 정신을 차릴려나?

허   몹쓸 살인자들아. 나를 죽여라. 이 하잘것없는 쓰레기통. 표창장 받은 이 모범 쓰레기통을 쳐 가려무나!

감시원1 이 늙은이가.

혁대로 후려친다. 허의 비명소리. 여인은 웃고 있다. 사나이 감시원1의 팔을 잡는다.

사나이   왜 이러는 거요? 이 사람이 무슨 잘못을 했소?

감시원1 당신은 상관할 일이 아니오.

사나이   그렇지만…… 저 여자를 어쩔려고 합니까?

허   죽일 거요. 난 저놈들이 하는 일을 안다오.

사나이   왜 그런 짓을 하십니까?

감시원1 우린 명령대로 할 뿐입니다.

사나이   도대체 당신들은 뭐요?

감시원1 집행인이오! (사정하듯) 미치는 것보다 낫지 않겠소?

사나이   누가 명령을 내립니까?

감시원1 당신은 알 필요가 없을 거요. 당신이 상관할 일이 아니니까…… 왜 사건에 개입하시겠소?…… (심문하듯) 이 여자를 아시오?

사나이   (부르짖듯) 나는 모릅니다. 나는 아무 것도 듣지 못하고 아무 것도 보지 않았습니다. 나는 나 혼자입니다. 전 상관없습니다. 난 내가 하고 싶은 일을 할 뿐입니다.

감시원1 좋은 생각이오. 우리도 우리가 하고 싶은 일을 할 뿐이오.

사나이 사람을 죽이는 일?

감시원1 아— 내 총알이 사람의 생명을 뺏는 결정적인 역할을 하는 것은 아닙니다. 그것은 항상 제 동료의 총알이죠.

사나이 방아쇠를 당기지 않습니까?

감시원1 조금 늦게 당기죠. 언제나 딴 총에 먼저 죽습니다.

감시원2 부인, 나가실까요?

여인 (감시원2의 팔짱을 끼며) 그래요. 교회로 가요. 예수님이 기다리고 계실 거예요. (사나이와 허에게) 안녕. 안녕히들 계세요.

허 아—. 이 부질없는 생명을 어이 견디어내란 말인가? 죄 없는 어린아이만 유괴살인하고, 청결한 처녀를 버려 놓으면서 어이해 이 쓰레기는 쳐 가지 못하는가? 생명을 준 자에게 저주 있으라. 오욕의 역사에 종지부를 찍어라! …… 내 딸. 불쌍한 내 제자. (여인을 잡으려 한다.)

감시원1 (밀어버리며) 비키지 못해? (혁대를 든다)

사나이 (비틀거리는 허를 잡으며 감시원에게) 어서 나가시오! 어서 가버려요! 이 사람에게 손을 대지 마십시오!

감시원1 이 노인이 당신과 무슨 관계가 있습니까?

사나이 내 이웃입니다.

감시원1 당신은 이웃이 없다고 하지 않았소?

사나이 내겐…… 내겐…….

감시원1 좋습니다. 이웃이 미쳐있군요. 당신에겐 희망이 있습니다. 자유를 즐기십시요. 화가선생!

여인 (감시원1, 2에 끌려 관객석으로 나가며) 안녕. 안녕히들 계세

요. 부디 행복하세요. 절 잊지 마세요……. (사라진다)

허   (울며) 내 딸. 순결한 내 딸. 내 제자. 장작 두 평 때문에 살아
      온 내 생명. 쓰레기통! 모범 쓰레기통!

여인   아버지—!

잠시 후 여인의 찢어지는 듯한 비명 들린다.

허   (허우적대며) 저주, 저주가 있을지어다! (쓰러져버린다)

사나이 (흔들며) 선생, 선생—. (대답 없다. 혼자 남은 사나이 멍청히 선
      채 키득키득 웃기 시작한다)

사나이 핫…… 이제 난 자유다. 핫하……. (미친 것 같다, 덩실덩실 춤
      을 추며 노래를 부른다) 나는 지성이란 갑옷을 둘렀네. 나는 무
      관심이란 철모를 썼네. 어디서나 무엇이든지 남 모르게 할 수
      있다네……. (갑자기 멍청히 서서) 나는 자유스러워! 나는 아
      무 곳에도 갈 수 있다! 그런데 어디로 가나? 나는 어디에서
      왔나? 나는 누구냐? (관객석으로 내려서며) 너는 누굽니까? 여
      보세요. 난 누굽니까? 무엇입니까? 대답 좀 해주세요. (관객
      속에서 웃음소리와 "미친놈이다" 하는 대답이 들린다) 전 미치
      지 않았습니다! 전 미치지 않았습니다 (다시 미친 듯 노래 부르
      며 객석 뒤로 사라진다) 나는 양심이란 갈보를 아네. 핫
      하……. 장작 두 평의 세상을 보았네, 핫하……. 순결한 창부
      와 사랑을 했네. 핫하……. 그러나 옛날엔, 어디서나 무엇이
      든지 남 모르게 할 수 있었네…….

환상적이었던 조명이 꺼지며 드라이한 무대가 된다. 하모니카 또는 오르간의 피음과 함께 막 내린다.

출세기

등장인물

김창호 − 40세 매몰 광부
박 여인 − 그의 부인

아들	딸
홍기자	광업소장
안전관리실장	미스터 양
의사	주치의
인턴	간호사
스님	목사
비서관	수행원
사회자	고만두
가수	코미디언
기생	기자1
기자2	방송기자
광부1	광부2
광부3(젊은 광부)	의학박사A
의학박사B	마담
연구생들	카메라맨1
카메라맨2	행상1
행상2	아낙네
밴드부	

1. 탄광 내부

광부1, 2, 3, 기타 일하고 있다.

광부들　(합창하며) 우리는 광부, 흙 속에 산다. 검은 땀 흘리며 오늘도 내일도 햇볕을 등지고 오르며 내리며 탄차에 실려 시간을 먹는다. 하나, 둘, 셋, 터지는 발파음, 돌과 쇠가 부딪치는 불꽃 속에 우리는 광부, 생명을 태운다.

이때 우르릉 하는 진동소리.

광부1　무슨 소리야?
광부2　흙이 무너져 내린다!
광부3　갱도가, 갱도에 물이!

일순 정적, 얼어붙은 동작, 물이 닥치는 소리, 굉음, 광부들 동시에 악― 피를 토하는 괴성을 낸다.

2. 광산촌

얼굴과 손이 온통 까만 아들과 딸, 뒹굴며 놀고 있다. 멀리서 사
이렌 소리 들린다. 멈칫 서는 두 아이, 안에서 박 여인 나온다.

아들   사고잖아?

박 여인   어서 들어가!

아들   아부지 일하러 가셨지?

박 여인   (때리며) 야 이 새끼야, 아버지는 왜 찾니?

아들   왜 때려 나만? 아부지가 사고 나도 좋아?

박 여인   이 병신아, 아버진 10년이나 갱 속에서 일하셨어. 위험한 건
        제일 먼저 아신다. 아침에 까마귀만 울어도 일을 안 하셔!

아들   아침에 까마귀가 울었어, 내가 봤어.

딸   나도 봤다.

박 여인   이놈의 자식들 까마귀가 그렇게 좋으냐? 이 철없는 것들아.
        누가 그런 소리 하랬어?

부인1, 비탄의 신음소릴 내며 뛰어 지나간다.

박 여인 (무의식 중에 합장하며) 천지신명님.

아들 나 구경간다. (뛰어 달아난다)

딸 나두.

박 여인 (악쓰듯) 용준아! 용희야! 이 새끼들, 구경이 다 뭐야? 이리 오지 못하겠니? 용희야! 용준아! 이 새끼들아!

계속되는 사이렌 소리. 여기저기서 들리고 무대를 압도하듯 커진다. 부인2 소리지르며 지나간다.

부인2 사고래요. 갱이 무너졌대요.

박 여인 (배를 움켜잡는다) 왜 여자가 임신해야 돼? 움직이지 말어! 이 원수놈의 새끼야!

부인3 뛰어 들어온다.

박 여인 어디래요.

부인3 동5 갱이랍니다.

박 여인 아 — (괴상한 비명 지르며) 어떡하냐? (뱅뱅 돌다가) 여보! (비명 지르며 나간다)

3. 갱 내

깜깜한 어둠 속에 전구가 하나 켜진다. 전등선을 잇던 김창호, 눈을 가리며 일어선다.

김창호   살았어, 난 아직 살았어! 여보시오! (소리 지른다) 누구 없소? 모두들 어디 갔지? 만석이! 춘광이! (사방을 돌아본다) 맙소사, 이제 그만이구나. (퍼뜩) 전화! (흙더미를 손으로 파내어 전화선을 만진다. 결사적인 동작으로 전화선을 찾아든다) 하느님, 내가 살아 있다고 밖에 알려주십시오. 여보세요! 여보세요! (전화통을 두드린다. 소식 불통, 다시 엎드려 전화선을 만지기 시작한다)

4. 사고 현장 사무소

소장 빌어먹을 사고, 사고! 이놈의 사고만 없으면 해먹을 텐데…….

안전관리실장 안전모를 벗으며 등장.

소장 어떻게 됐어?

실장 가망 없습니다.

소장 피해 보상금과 발굴 비용이 모두 얼마나 들겠어?

실장 보상이 12명에 1천 2백만 원, 그리고 발굴 비용이 2백만 원은 넘겠습니다.

소장 망했군.

실장 진작부터 제가 말씀드린 대로 갱 내를 보수했으면 이런 사고는 방지할 수 있었습니다.

소장 5갱에서 사고날 줄 미리 알았단 말이오?

실장 갱 전체가 오래 돼서…….

소장 갱구 하나 보수비가 얼마나 든다고 했지?

실장	약 1백 5십만 원.
소장	갱구가 일곱 개면?
실장	1천 5십만 원.
소장	갱구 하나 보수기간이?
실장	보름 잡아야죠.
소장	그럼 갱구 하나는 보름 동안 채탄을 못해 얼마 손핸가? 실장.
실장	2백 25만 원.
소장	갱구 일곱 개면 1천 5백 75만 원 보수할 동안 손해액까지 합하면?
실장	2천만 원이 넘겠는데요?
소장	그것 봐. 사고 나서 치르는 비용보다 많지 않은가? 내가 평생 여기 소장 해먹을 건 아니잖아?
실장	…….
소장	내 말 틀려?
실장	그럴듯하군요.

홍 기자 들어온다.

소장	어이구, 수고하십니다. 홍 선생, 역시 소식이 빠르군.
홍 기자	(직업적으로) 사망자가 몇이나 됩니까?
소장	선산부 6명, 후산부 5명, 배관공 1명, 모두 12명이 묻혀 있습니다.
홍 기자	다 죽었겠지. (적으며) 모두 12명으로 집계됨. 생존자는 없는 것으로 추정된다. 사고 원인은?

소장 갱 내 1천 5백 미터 지점이 붕괴됐습니다. 너무 오래 캐먹어서…….

홍 기자 갱 내 보안시설 불비가 원인.

소장 홍 선생, 이거 누구 목 자르려고 이러십니까? 내 그러지 않아도 주재소 숙소가 불편한 걸 알고 사택을 한 채 내놓을 계획이었는데……. 말이 난 김에 우리 가봅시다.

홍기가 (고쳐 적는다) 채굴 심도가 깊어 갱벽이 무너져 내리는 예기치 못하는 사고.

소장 같은 말이라도 얼마나 표현이 부드럽습니까?

홍 기자 그런데 피해자 명단을 발표 않는 이윤 뭡니까? 밖에서 유족들이 아우성인데?

소장 조금 희망을 연장해 주는 게 낫지 않습니까? 흥분해 있는데 지금 발표를 하면 유족들이 울고불고 아우성, 더 시끄러워집니다. 밤에 좀 지쳐 있을 때 발표할 겁니다.

홍 기자 시체 발굴에 걸리는 시간은?

실장 일주일 걸립니다.

소장 그 비용만 해도 손해가 막심합니다. 우리 나가서 목이나 축입시다. 사택도 들러볼 겸. (실장에게) 나 춘자네 가 있을 테니까 무슨 일 있음 연락해. (전화벨 울린다) 무슨 전화야?

실장 (전화받는다) 여보세요?

김창호 (소리지른다) 여보세요, 나 김창호입니다. 배수부 김창호! (흥분하고 열에 떠 있다)

실장 어? 집에 있수? 우린 당신이 죽은 줄 알구. (소장에게) 한 명 줄어듭니다.

소장	백만 원 절약됐군.
홍 기자	11명.
실장	당신 전표만 떼구 갱에도 안 들어갔구만?
김창호	(기가 차서) 여기 제1 대피솝니다. 입구에서 1천 5백 미터.
실장	제1 대피소? (놀라) 제1 대피소? 소장님.
소장	이리 내. (전화 **뺏는다**) 이봐, 김창호 씨, 나 소장이오. 어떻게 된 거요?
김창호	쾅 소리에 아무 것도 안 보였습니다. 나 혼잡니다. 전구를 찾아 켰습니다. 얼마나 무너졌습니까?
소장	지금 발굴 중이오. 견딜 만하오?
홍 기자	저 좀 주십시오. (소장의 전화를 **뺏는다**) 나 기잡니다. 거기 상황을 좀 말씀해 주시겠습니까? (적을 태세다)
김창호	(전화) 상황이라뇨? 무슨 소릴 하는 거요?
홍 기자	넓이가 어느 정도 됩니까? 동료들 안 보입니까? 공기는 통합니까?
김창호	공기가 통하니까 살아 있지요.
홍 기자	먹을 건 넉넉합니까?
실장	(홍 기자의 전화 **뺏어 든다**) 저 안전관리실장입니다. 견딜 만합니까? 물은 있어요?
김창호	천장에서 떨어지는 낙수를 받아 마십니다. 얼마나 무너졌습니까?
실장	50미터 정도가 매몰된 것 같습니다. 꼭 구해낼 테니까 참고 기다리십시오.
김창호	제발 빨리 구해주시오. 내 가족들한테도 알려주구요. 무섭습

니다.

전화 끝낸다.

실장   어떡할까요?

소장   기술자를 동원해서 방법을 강구해야지. 살아 있다는데 생사
　　　 람 죽일 수야 있나?

홍 기자   이건 아주 흥미 있는 사건인데……. 갱 속에 살아 남은 최고
　　　　 기록이 어떻게 됩니까?

5. 바깥 현장

김창호의 어린 두 남매. '대통령 각하, 아빠를 구해주세요'란 플래카드를 들고 등장. 뒤에 박 여인, 울상으로 따른다. 아낙네들, 광부들 '김창호를 구하자'라는 플래카드를 든 채 구호를 외치며 등장한다. 기자들 카메라 들이대고 홍 기자 녹음기를 든 채 뛰어들어와 남매 앞에 온다.

홍가지　애, 여기다 대고 얘기해. 아빠 빨리 오세요 하고. 그리고 동생하고 엄마랑 기다린다고.

딸　(울먹이며) 아빠 빨리 오세요. 용준이 오빠랑 엄마랑 아빨 기다려요. 그리구 선생님들, 우리 아빠 구해주세요. 우린 아빠가 없음, 앙 ― (울어버린다)

홍 기 자　자, 너도.

아들　아부지, 엄마가 아버지 빨리 오시라고 치성을 드려요.

훌쩍이는 아낙네들, 광부들.

박 여인 꼭 좀 살려주세요. 선생님들 좀 있으면 애가 또 하나 생길 텐데 애비 없이 어떻게 기릅니까? 난 혼자 못 살아.

홍 기자 (옆에 선 젊은 광부에게) 성함이 어떻게 되십니까?

광부3 이명숩니다.

홍 기자 이번 사고에 대해 같은 광부의 입장에서 느끼신 점을 한 말씀.

광부3 (마이크를 손가락으로 두드려 본다) 마이크 시험중입니다. 하나, 둘.

홍 기자 말씀만 하세요.

광부3 (흥분한다) 회사측이 돼먹지 않았습니다. 지난번 동고 광산 사고두 그렇지만 미리 막을 수 있었습니다. 위험하다구 안전실에 얘기해두 괜찮다고 들어가라고 합니다. 그래서 들어갔지요. 뭐 전 운이 좋았습니다. 하여간 두말 제하고 김창호 씨를 구출해야 합니다. 김창호 씬 사람도 좋고 막걸리도 잘 마시고 저하고 잘 압니다. (마이크 의식한다) 따라서 우리 동료 광부 전원은 김창호 씨의 생환을 진심으로 축하해 마지 않는 바입니다. 197X년 10월 X일 광부 대표 이명수, 이상!

    광부들 박수친다. 홍 기자 이미 마이크 끄고 비껴 서 있다.

홍 기자 수고했소. (녹음기를 들고 뛰어나간다)

    모두들 이들의 대답을 지켜보느라 행진을 중지하고 있었다. 이제 말이 끝나자 생각난다는 듯 구호를 외치며 퇴장한다. 지금까지 보이진 않았으나 행렬의 고리에는 꼬마 행상이 손수레를 밀고 온다.

행상　아이스크림요. 시원한 엽차요.

6. 사무소

실장   지금 굴착기, 전기톱, 서치라이트를 이웃 고산 광산에서 지원 받기로 돼 있습니다. 구조대는 지주공 2명, 조수 2명, 감독 1명, 신호수 1명 그리고 구조대장으로 제가 참가합니다. 두고 보십시오. 제 기술로 꼭 구해낼 겁니다. 자신 있습니다.

소장   얼마나 걸리겠어? 일주일이 걸릴지 열흘이 걸릴지 모르는데 돈이 얼마나 들겠나 생각해 봤어?

실장   생명은 귀중한 겁니다.

소장   도대체 무데기로 죽어 자빠져야 흥분하는 사람들이 언제부터 이렇게 사람 하나에 신이 나서 열을 올리는 거야?
누가 내버려 두랬어? 그런 눈으로 보지 마. 내가 식인종인 줄 아나? 난 경제원칙, 최소한의 경비로 최대의 효과를 얻는 방법을 강구하자 그 말이야. 학교 때 안 배웠어?

실장   전 학교 안 다녔습니다.

소장   그러니까 쉽게 흥분하는 거야. 이럴 때일수록 침착하게…….
돈, 돈! (흥분해서 우왕좌왕한다)

실장   소장님, 고정하십시오.

의사와 홍 기자 들어온다.

소장 아, 어서 오십시오.

의사 연락이 되지요?

소장 예. (전화 두드린다)

갱 속에 지쳐 쓰러져 있던 김창호, 전화 받는다.

소장 나 소장이오. (땀 닦으며) 거긴 시원하지요?

김창호, 눈만 크게 뜬다.

의사 (전화 뺏으며) 여보세요. 저 성모병원 의삽니다. 내 말 잘 들립니까?

김창호 예, 갱목 껍질 먹어도 됩니까?

의사 씹기만 하고 뱉으세요.

김창호 배가 고파요. 모빌이나 구리스를 먹으면 안 되나요?

의사 큰일 납니다. 물은 마십니까?

김창호 벽에서 내리는 물을 받아 마십니다.

의사 맥박을 잡아보세요……. 그만, 몇 번 뜁니까?

김창호 열두 번.

의사 10초에 12면, 1분에 72번, 아주 좋습니다. 정상입니다.

김창호 (악쓴다) 그래서 퇴원이라도 시키겠단 말씀이오? 지금 뭣들 하고 있는 겁니까?

의사   흥분하면 힘이 빠집니다. 침착하세요.

김창호   힘이 빠질까봐 똥도 안 눴소!

의사   소변은 누십니까?

김창호   하루 너댓 번 눕니다. 그거야 참을 수 있소?

의사   너무 걱정하지 마십시오. 다 좋습니다.

김창호   저 어떻게 돼가고 있습니까? 언제 구조됩니까? 춥고 배고파
       서 못 견디겠습니다.

의사   꾹 참고 기다리세요. (전화 끊는다)

홍 기자 박사님, 저 안에서 얼마나 견딜 수 있습니까?

의사   김창호 씨가 건장한 사람으로 기준해서 견디는 한도는 14일
       이 한돕니다.

홍 기자 앞으로 열흘?

실장   전, 자신합니다. 일주일 내에 구할 수 있습니다. 현재 갱 내의
       공기가 통하는 걸로 보아 입구에서 대기소까지 매몰 상태가
       그렇게 두터운 건 아니라고 봐집니다. 따라서……

소장   제발 일주일 되기 전에 그 틈으로 기어 나와 줬으면. (실장에
       게) 이봐요, 김씨가 그 안에서 입구로 파고 나올 가능성은 없
       나? 그럼 서로 시간이 절약될 텐데……

7. 병원 연구실

연구생1 박사님은 현재 갱 내에 열흘째 갇혀 있는 김창호 씨의 건강을 어떻게 보십니까? 성모병원의 김 박사는 일주일은 더 견딜 수 있다고 했는데요?

박사1 직접 진단하지 못해 자세히는 알 수 없으나 의사의 전화 진단으로 보아 맥박이 1분에 64로 점차 떨어지고 있단 말이야. 심장과 의식은 좋은 것 같지만 탈수증에다 정신쇠약 증세가 심해지면 가사상태가 될 게 틀림없어.

박사2 난 오 박사의 견해와는 반대요. 인간의 생명이란 동물의 생명과는 달리 의지라는 하나의 활력소가 존재해. 그 의지가 인간을 40일까지 굶어도 살아나게 하는 사례를 기록에서 보았을 것입니다. 인간 의지의 힘, 그것은 과학으로 풀이할 수 없는 신비적인 에너지를 갖고 있는 것이오.

연구생들 박수친다. 박사2 박수에 신이 났다.

박사2 그렇다고 해서 나의 견해가 의학적인 뒷받침을 잃은 건 아닙니다. 즉 김창호 씨의 경우 우선 생리학적으로 보아 체내에 저축된 지방이 극소수밖에 소모되지 않았습니다. 또 전화 통화하는 상태로 보아 뇌의 지방도 소모되지 않은 것으로 판단됩니다. 뿐만 아니라, 심장의 기능도 비교적 정상이오. 소량이나마 수분 섭취도 가능한 만큼 생명엔 지장이 없습니다.

박사1 (흥분된다) 저 사람은 사사건건 내 의견엔 반대란 말이야! 아니 미국서 박사학위 따온 게 뭐 대단해. 왕년에 미국 가서 박사학위 안 따온 사람 있어? 난 그 어려운 일본서 박사학위를 땄어요. 선배 알기를 우습게 아는 학계 풍토가 한심해. 돼먹지 않았어. 들어봐요. 지금 김 씨의 맥박이 점차 떨어져 체온이 낮아지고 있는데 그 상태가 신체가 특수 조건에 적응하는 현상이란 말이야. 따라서 인체 구조의 주성분이 점차 소모되기 때문에 이 고비에서 더 가면 맥박이 갑자기 오른다구. 그러면 심장이 견딜 수 없게 되어 빨리 움직이게 돼. 그러면 곧 죽게 돼요! 의지가 그걸 어떻게 막아?

박사2 두고 봅시다. 누가 옳은지.

박사1 두고 봐, 이 버릇없는 자식!

8. 갱 내

누워 있던 김창호 몸을 조금씩 꼼지락거린다. 고개를 든다. 실
성한 것 같다.

김창호 눈앞에 아물거리는 게 뭐지? 거기 누구요? 어머니! (기어 쫓아
간다) 어디로 가십니까? 난 혼자 있기 싫습니다. 어머니, 날
살려 주십시오. 무슨 소리라도 들리게 해 주십시오! **(벽을 주
먹으로 친다)** 여보시오! 거기 누구 없소? 나 아직 살아 있습니
다. 대답 좀 하시오! **(전화를 두드린다)** 여보시오. 누구 없소?
여보시오! **(아무도 대답 않는다)**

9. 현장

갱 입구 높은 곳에서 스님이 목탁을 두드리며 염불 읊고 있다. 아래쪽에선 TV 카메라가 설치되어 있고 구경꾼들 카메라 주변에 몰려들고 홍 기자 마이크 든 채 이들을 정리하고 있다.
옆에 긴장한 소장.
행상들, 장사하기에 열을 올리고 다른 한쪽엔 막 도착한 목사와 신도 일행 무릎 꿇고 기도 자세, 목사, 두 손 높이 들고 기도 시작한다. 카메라맨과 기자들이 이들에게 초점을 맞출 때마다 스님과 목사는 자세를 바로 하고 목소리를 높인다. 거의 동시적인 대사들.

스님　(독경) 나모 사만도 못다남 아바라지 하다사 사다남다냐사 옴 카카 혜 흠 흠 아바라 아바라 바라아비라 바라아바라 디따 디리디리 빠다빠다선디카 시리예 사바하.

행상1　김밥 사시오. 따끈따끈한 김밥이오.

행상2　아이스크림, 시원한 냉차 입에서 슬슬 녹아요. 아이스크림.

목사　(기도) 전능하시고 자비로우신 하나님 아버지, 여기 당신의 불쌍한 어린 양 한 마리가 길을 잃고 헤매고 있습니다. 그 이름 광부 김창호 씨, 그는 지금 지하 1천 5백 미터 아래서 하나님의 따뜻한 구하심을 갈망하고 있습니다.

허공을 가로지르는 제트기의 소음이 이 소리를 중단시키고 구경꾼들은 모두 하늘을 본다.

스님 (독경 계속) 나모라 다나다라 아야 나막 아리야바 로기데 사바라야 모지 사다바야 마하 사다바야 마하 가로니거야 다나타 살바다라니 말다라야 인혜혜 바라마고다 못다야 음 살바작수가야 다라니 인지리야 아냐 타바로기제 세비라야 살바도따 오하야미 사바하.

여관보이 여관은 창호여관! 따끈따끈한 방이 딱 하나 남았습니다.

행상1 아이스크림, 시원한 냉차.

행상2 금강산도 식후경. 김밥 잡수세요.

목사 (기도) 하나님의 아들 김창호 씨는 온화한 가장이요, 성실한 일꾼으로서 우리 이웃이요, 가족이옵니다. 그에게 하나님의 사랑으로 살아 견딜 힘과 용기를 베풀어 주시옵소서.

신도들의 아멘 소리.
홍 기자, 마이크에 대고 방송 시작한다.

홍 기자 여기는 강원도 정선군 사북읍 고한리 동전 광업소 사고 현장입니다. 지난 10월 22일 갱구 매몰로 11명의 광부의 목숨을

빼앗은 광산 사고는 올들어 두 번째 큰 사고로 지금 유일한 생존자인 김창호 씨가 무려 열 하루째 지하 1천 5백 미터 아래서 구출의 손길이 닿기를 애타게 기다리며 갇혀 있습니다. 지금 보시는 부분이 사고가 난 동5 갱구입니다. 먼저 김창호 구조위원회 회장이시며 동진 광업소 소장이신 권오창 선생님께 구조 현황을 알아보겠습니다.

갱구 입구 필름, 인터셉트된 구경꾼의 얼굴들. 손을 흔들며 웃어대는 필름들.

소장   (마이크 앞에 선다) 에헴, 국민 여러분, 감사합니다. 지금 구조대는 지주공 2명, 조수 2명, 감독 1명, 신호수 1명으로 구성되어 있어 6시간씩 교대하여 불철주야 김창호 씨 구출에 온갖 힘을 다하고 있습니다.

홍 기자 앞으로 구출 전망을 어떻게 보십니까?

소장   애초 예상과 달리 갱목 철근 등의 장애물이 많은데다 갱 내에 물이 쏟아져 작업에 지장이 많습니다. 앞으로 2, 3일 더 걸릴 전망입니다. 그러나 우리로선 최선을 다하고 있습니다.

홍 기자 감사합니다.

비서관. 수행원과 경찰의 호위 받으며 등장한다. 비서관, 소장의 안내로 사무실에 들어가기 전 카메라에 포즈 취한다. 기자들의 접근 막는 수행원, 경찰.

홍 기자 (기자에게) 어떻게 보십니까? 각계 각층에서 이 사건에 지대한 관심을 쏟고 있는데요.

기자1 대단합니다. 전 국민의 성원이 이렇게 뜨겁고 클 줄은 몰랐습니다.

기자2 현지 주민들이 기자 숙소로 옥수수와 감자들을 삶아 갖고 와서 김창호 씨를 꼭 구해 달라고 호소할 땐 눈물이 핑 돌더군요.

홍 기자 이런 국민의 여망에 보답하는 뜻으로도 꼭 살아 나와야겠습니다. (감격해서) 생명은 존엄한 것입니다. 우리는 너무 인간 생명을 경시하는 풍조에 젖어왔습니다. 이 사건을 계기로 인간에 대해 다시 한번 그 존엄성을 확인해야 할 것입니다. 지금까지 사고 현장에서 홍성기 기자 말씀드렸습니다. (쪽지 보며) 이 방송은 여성의 미를 창조하는 몽쉘 느그므 화장품 제공입니다.

10. 사무소와 갱 내

전화벨 울리며 갱 내를 비춘다. 지친 듯 쓰러져 있던 김창호. 간신히 몸을 움직여 전화를 받는다. 사무실엔 비서관, 수행원, 의사, 경찰서장이 전화 거는 걸 지켜본다.

김창호　네?

소장　　나 소장이오. 지금 회장님께서 김창호 씨의 건강을 염려하여 비서관님을 보내셨습니다. 받아보시오.

비서관　(전화 바꾼다) 김창호 씨, 나 신난다 비서관입니다. 회장님께선 김창호 씨가 어서 구출되어 나오길 바라고 계십니다. 용기를 잃지 마시고 끝까지 견디십시오. 꼭 구출될 겁니다.

김창호　(기운 없이) 감사합니다.

비서관　뭐 부족한 거 없습니까?

11. 살롱

기자1, 2 이빨 쑤시며 앉는다.

기자1 음식이 신통치 않더군!

기자2 시골이 별 수 있겠어? 일류 식당이란 데가 그 모양이니…….

기자1 어이구, 난 일주일 동안 잠자리가 불편하니까 미치겠더
군…….

기자2 죽든 살든 빨리 결말이 나야 우리가 고생을 덜 하지.

기자1 살아 견디는 게 용해.

기자2 김창호 씨가 어제로 갱 속에 살아남은 세계 기록을 깼다구.

기자1 어떻게 되는데?

기자2 1948년 일본 미야끼엥 니시마야 탄광 낙반사고 때 네 명의
광부가 11일 16시간 30분 만에 구출됐고, 서독선 1963년 마
힐루데 광산 침수 사고에서 14일간을 살다 나왔다구.

기자1 그럼 우리가 기록을 깬 거게?

기자2 살아 나와야지.

기자1 기록 갱신을 위해서두 살아 나와야 되겠군. 하하…….

마담 차를 날라온다.

기자1   마담, 미인이시오.

마담   어머! 고마워라!

기자2   여기 사람 같지 않은데…….

마담   서울서 왔어요.

기자1   어쩐지……. 그런데 이런 시골엔 뭣 하러?

마담   장사가 잘 된다고 해서 원정 왔지요, 뭐.

기자2   김창호 씨 덕분에 이 근처 아주 호경기라더군. 여관은 대만원
        이야. 서울서 내려온 자가용들이 길을 메우고 촌사람들은 또
        그걸 구경하느라 정신이 없어.

마담   오늘 낼 사이에 구출된다지요?

기자1   그런 모양입니다.

마담   며칠만 더 끌어줬으면 좋겠는데. 닷새만 더 끌어주면 보증금
        들어간 거 빼고 20만 원 수입은 되는데.

12. 현장

TV 카메라 정면에 설치하고, 구경꾼들 모여든다. '김창호 만세' '환영 김창호' '인간의 생명은 존엄하다' 등의 플래카드. 카메라맨, 기자들 바삐 움직이고 경찰은 인파를 정리한다. 행상들은 풍선들을 들고 장사에 바쁘고 한쪽 단상엔 밴드부가 대기하고 있다. 홍 기자, TV 카메라에 중계 준비로 머리엔 마이크로폰을 쓰고 있다. 한쪽에서 스님이 독경.

홍 기자 국민 여러분! 여기는 강원도 정선군 동진 광업소 사고 현장입니다. 지하 1천 5백 미터 갱 속에 갇혀 만 16일간이나 굶주림과 추위와 싸워가며 초인적인 인내력으로 생명을 지탱해왔던 김창호 씨. 그가 드디어 구출되기 직전에 있습니다. 그의 생환은 김창호 씨 개인뿐 아니라 온 국민의 기쁨이며 인간 생명의 승리입니다. 오늘이 있기까지는 각 방송 보도진은 물론이려니와 국민 여러분의 성원 없이는 불가능했을 것입니다. 그럼 담당 영업소 소장 권오창 선생님께 몇 말씀 묻겠습니다. 구출될 시간은 대략 몇 시쯤 됩니까?

소장   예. 지금 김창호 씨와 구조대와는 서로 대화를 나누는 거리에 있습니다. 그러니까 아마 30분 내로 구출될 전망입니다.

홍 기자   김창호 씨의 건강 상태는 어떻습니까?

소장   어제 밤부터 파이프를 통해서 미음 같은 음식을 공급했습니다만 큰 지장은 없다고 봅니다.

홍 기자   감사합니다. 그 동안 수고가 많으셨습니다.

소장   전 오로지 그 사람의 생환만을 바래왔습니다. 제가 광산에 있은 지 20년이 넘습니다만 (감격) 이렇게 오늘처럼 보람있고 감격해 본 적은 없습니다. (콧물을 닦는다)

홍 기자   우리 모두 경건한 마음으로 생명의 존엄 유지를 위한 횃불을 들어야겠습니다. 이 방송은 여성의 미를 창조하는 몽쉘 느그므 화장품과 스타킹 메이커 와키누가 나일론 제공입니다.

박 여인, 남매를 데리고 등장한다.

아낙네1   저기 김창호 씨 부인이 와요.

광부1   비켜줘요, 비켜줘.

구경꾼들, 길 비켜주고 축하 인사하고 홍 기자 박 여인을 카메라 앞으로 끌고 온다.

홍 기자   여기 김창호 씨 부인께서 와 계십니다. 어떻습니까? 기쁘시죠?

박 여인   네. 이루 말로 다 할 수가 없어요.

아들   (마이크에 대고) 아버지!

딸   뭐야. 엄마?

박 여인   (쥐어박으며) 조용해. 이 새끼들아. (마이크에 대고) 너무들 고 마웠어요. 그이가 살아 나온다니까 뭐라고 할 말이 없네요.

홍 기자   (마이크) 벅찬 감격에 말을 잇지 못합니다. (터널 쪽을 보며) 오늘 김창호 씨가 구출된 후 스케줄을 말씀드리겠습니다. 먼저 대기한 1954 구급차에 올라 간단한 응급조치와 진단이 있은 후 H19 공군 헬리콥터 편으로 서울로 급송됩니다. 공항으로부터 두 대의 백차가 호송하는 가운데 메디컬센터에 입원 치료하게 되며 연도에는 수많은 시민들이 김창호 씨를 환영할 것입니다. 현재 서울에는 시경국장 진두 지휘하의 1백 명의 경찰 병력이 배치되어 도로 경비에 임하고 있다는 소식입니다. (쪽지를 보며) 김창호 씨가 서울병원에 입원하게 된다는 소식에 사북읍 뉴패션 양복점에서는 양복 한 벌을. 로마 양화점에서 구두 한 켤레, 시장 상인 연합회에서 쌀 다섯 가마를 기증했습니다. (톤 높여서) 지금 막 김창호 씨가 구출돼 나오고 있습니다.

구경꾼들 한쪽으로 몰린다.

홍 기자   (흥분했다) 16일간 세계 기록을 수립하고 지하 갱 속에서 굶주림과 추위를 이겨낸 초인적인 사나이 김창호 선수의 모습이 서서히 지상에 나타나기 시작합니다. 5미터, 3미터…… 2미터…….

군중의 웅성거림, 경찰의 정리, 밴드 리더의 사인에 이어 밴드
가 우렁찬 군악을 연주하기 시작한다. 구조대에 부축되어 나오
는 수척한 김창호. 카메라 플래시, 너무나 의외의 현상에 겁에
질린 듯 얼굴 찡그리며 눈을 가리는 김창호.

김창호 여기가 어딥니까? (미친 듯 부른다) 만석이! 춘강이! 나 살려
주게!

박 여인 여보!

군중과 경찰에 밀린다.

김창호 (고개를 돌린다) 여보! 용준아!

김창호, 경찰, 의사, 소장, 실장 등에 끌려나간다. 밴드 뒤따르
고 군중들 만세 부르며 따르고 텅 빈 무대에 박 여인과 아들 딸
만 남는다.

아들 아버지 왜 잡혀가?

딸 아버지 어디 가?

박 여인 잡혀가는 게 아니야. 모셔간 거야.

딸 감옥으루?

박 여인 이 병신들아 감옥엔 왜 가? 아버지가 뭐 잘못했다구? 그만큼
땅 속에 갇혀 있음 됐지.

13. 진료실

침대에 환자복 차림의 김창호가 누워 있다. 주치의, 인턴, 간호원 들어온다.

간호원 김창호 씨 일어나세요.

김창호 놀라 눈 뜬다.

김창호 또 뭡니까?

주치의 제가 앞으로 김창호 씨의 건강을 책임질 주치의입니다.

김창호 진찰 다 했는데요!

주치의 선생을 맡게 되어 영광입니다. 원하시는 게 있으면 언제든 말씀하십시오.

김창호 가족들을 만나게 해주십시오.

주치의 건강이 회복되면 만나시게 될 겁니다. 먼저 건강 진단을 해야겠습니다.

김창호 또요?

주치의 지금 하는 진료는 세계 생리학협회에 보고할 자료를 위한 것입니다. 김창호 씨의 건강 상태의 변화는 생리학적인 면에서 의학계에 많은 공헌을 하게 될 것입니다.

김창호 집에 가고 싶습니다. 내 마누라가 해주는 된장찌개에 밥 먹으면 곧 낫습니다.

입을 벌리는데 간호사 체온계를 입에 넣는다.

주치의 맥박.

인턴 한쪽 팔을 잡아 시계를 보며 맥박을 잰다. 간호사 다른 쪽 팔도 혈압 재고.

인턴 맥박 1분에 66.

간호사 1분에 66. (기록한다)

인턴 (체온계 빼며) 체온 37도 3분.

간호사 37도 3분. (적고 혈압 잰다) 혈압 최고 120, 최저 100.

인턴 호흡 1분에 22.

주치의, 청진기로 가슴 대본다.

주치의 엎드리세요.

간호사, 김창호를 엎어 놓는다.

김창호   선생님.

주치의   숨 들여 마시고!

      김창호 숨 들여 마신다.

주치의   됐습니다. 일어나세요.

      김창호 일어난다. 간호사, 인턴, 김창호를 저울대 위에 세워놓는다.

김창호   전 언제 나가게 됩니까?

인턴   체중 46킬로그램. (김창호를 의자에 앉힌다.)

      간호사. 귀에서 피를 뺀다.

김창호   아!

인턴   혈액형 AB형.

      간호사 한쪽 눈을 가린다.

인턴   (시력 검사) 보입니까? 우측 0.5, 다른 쪽.

      간호사 다른 쪽 눈 가린다.

인턴   보입니까? 좌측 0.5

주치의   시력이 굉장히 약화됐군요.

간호사 병을 준다.

인턴   거기다 소변을 보세요.

김창호   네?

간호사   오줌 누시라구요. 소변검사를 해야 됩니다.

김창호   오줌이 안 마려운데요.

인턴   누도록 노력하세요.

김창호 병을 손에 든 채 이들의 얼굴을 본다. 냉정한 세 사람 흡사 고문관과 같다.

김창호   난 이렇게 사람들이 보고 있는 데선 오줌이 안 나옵니다.

주치의   돌아서십시오.

김창호 관객을 등지고 돌아선다. 병에다 억지로 오줌을 누는 포즈. 다 누자, 간호사 병을 채간다.

김창호   똥도 눠야 됩니까?

인턴   앉으세요.

김창호 앉는다. 인턴 끌고 나가려 한다.

김창호　(겁이 나서) 어디로 가는 겁니까? …… 날 해부하는 건 아니겠
　　　　　죠?

14. 기자회견 석상

김창호, 주치의의 호위 하에 단상에 앉는다. 기자들, 카메라맨,
카메라를 들이대자 김창호 얼굴을 가린다.

카메라맨 김창호 씨, 얼굴 좀.

주치의 잠깐 기다려 주십시오. 시력이 약화돼서 카메라 플래시에 견
디질 못합니다. (주머니에서 선글라스를 꺼내 김창호에게 씌운
다) 참으세요. 곧 끝납니다. 전 국민에게 김창호 씨를 알려야
합니다.

플래시 터진다. 김창호 움찔거리지만 참고 견딘다.

홍 기 자 김창호 씨, 우리 기자단을 대표해서 김창호 씨의 생환을 환영
하는 바입니다. 제가 사고 첫날부터 현장에서 김창호 씨가 구
출되기까지 쭉 지켜보았던 한일 매스컴센터의 홍성기 기자입
니다. 먼저 이렇게 살아 나오신 소감 한 말씀 부탁합니다.

김창호 (당황) 뭐가 뭔지 모르겠습니다. 난 집에 가고 싶습니다!

주치의, 귀에 대고 뭐라고 한다.

김창호 저 감사합니다…… 국민 여러분.

기자1 16일 동안 어려운 환경에서 살아 견디셨는데 어디서 그런 인내력이 나셨는지요?

김창호 예?

주치의 쉽게 설명해 준다.

김창호 전 그저 죽고 싶지 않았습니다. 내가 죽으면 내 처자식은 어떻게 됩니까?

기자2 갱 내에서 가장 괴로웠던 일은요?

김창호 배고픈 겁니다. 나중에 귀에서 윙윙거리는 소리가 나고 눈앞에 아른거리는 게 보입니다. 누구하고든 얘기가 하고 싶었는데 전화를 걸어도 대답이 없구…… 이젠 꼭 죽는구나 생각하니 괴로웠습니다.

기자3 살아 나오면 꼭 해야겠다고 생각하신 건 뭐였습니까?

김창호 꽃밭을 가꾸고 싶었습니다.

모두 의아해 한다.

홍 기자 앞으로 건강이 회복되시면 뭘 하시겠습니까? 앞으로의 계획이 있으시면…….

김창호 생각 안 해 봤습니다. 뭐가 뭔지 모르겠습니다. 소란하기만

하구.

기자1   다시 광산으로 돌아가시겠습니까?

김창호   싫어요! 푸른 들이 있는 데서 살렵니다. 씨 뿌리고 농사짓고 맑은 공기와 푸른 초원에서 살겠습니다.

주치의   자, 그만합시다.

15. 김창호의 집

박 여인, 아들, 딸 겁에 질려 서 있다. 기자1 취재하고 있다.

기자1   김창호 씨가 오늘 오신다는 얘기 들으셨습니까?

박 여인   예, 아까 면장이 알려줬어유.

기자1   기쁘시죠.

박 여인   말이라고 해유?

기자1   저, 김창호 씨와 결혼하시게 된 동기가 뭡니까?

박 여인   예?

박 여인   될라니까 됐지유. 언니가 보라고 해서 보니까 그이대유. 그래서 같이 살게 된 거지유. 자꾸 말 시켜야 별거 없어유.

기자1   그게 언제지요?

박 여인   내가 스물 세 살 땐데 가을이에유. 그런데 왜 그런 걸 미주알 고주알 캐는 거예유?

기자   아! 우리 『강원일보』에 두 분 얘길 특집으로 낼라는 겁니다.

이때 사진기자 먼저 뛰어 들어오고 김창호 선물꾸러미 들고 들어온다.

김창호   여보! 용준아, 용희야. (아이들을 껴안는다)

사진기 플래시. 가족들은 운다.

김창호   찍으시우. (가족들에게) 그러는 거여. 자, 서! (으레 그런데 익
숙한 듯 포즈 취한다)

터지는 카메라 플래시.

기자1   집에 오신 소감은?

김창호   좋지요.

기자1   우리 강원도 도민과 동료 광부들에게 하고 싶은 말은?

김창호   아까 역에서도 말했는데요.

기자   우리 신문은 다릅니다. 이번에 김창호 씨 특집을 실으려고 그
러는 거예요.

김창호   (억지로) 감사합니다. 나를 구해주시느라고 애쓰시고 또 국민
여러분이 성원해 주셔서 고마울 뿐입니다.

기자   갱 내에 있을 때 동료한테 말하고 싶은 건 뭐였습니까?

김창호   뭐 할 얘기가 있겠습니까? 춥고 배 고프고 애새끼들 보고 싶
고 살고 싶은 거지요.

가족과 얘기하려는 김창호를 자꾸 가로채며 묻는 기자.

기자   탄광 사고에 대한 김창호 씨의 방비책은 뭐라고 생각하십니까?

김창호   내가 뭐 관리실장입니까? 그 사람들이 알아서 갱도나 튼튼하게 만드는 거지요.

기자   광산으로 다시 돌아가시겠습니까?

김창호   싫어유.

기자   그럼 앞으로 계획 같은 건?

김창호   나 몰라유. 내가 무슨 계획 짜고 살았나요?

기자   김창호 씨, 서울로 가신다는 얘길 들었는데요?

방송기자 녹음기를 들고 뛰어 들어온다.

방송기자   여기 찾느라구 진땀 뺐네. 김창호 씨, 집에 온 소감 한 말씀.

김창호   국민 여러분, 대단히 감사합니다. 집에 와서 기쁩니다.

방송기자   결혼은 몇 살 때 하셨습니까?

김창호   나 결혼 딱 한 번 했수다. 여러 번 한 거 아니라구요.

방송기자   갱 내에 있을 때 제일 먼저 생각나는 게 뭐였습니까?

김창호   (지겹다) 나 좀 쉬게 해주세요. 좀 씻고 나와서 얘기하지요.

기자   김창호 씨, 사진 한 장만 더 찍읍시다. 자, 다들 웃어주시고. 얘들아, 너희 그 상자 들고 웃어, 아버지 보구, 됐어.

김창호, 아이들에게 시키는 대로 포즈 취하게 한다. 억지로 웃는 표정의 가족들. 선물꾸러미를 아이들에게 안겨주고, 사진 플래시.

기자　마감 시간 됐는데, 가지.

기자들 나가 버린다. 식구들 그냥 보고 서 있다.

김창호　나야. 왜 이러구 서 있어? 내가 이상해 보여? 얘들아, 그거 먹어.

아이들 선물 상자 뜯는다.

김창호　고생 많았지?

박 여인　또 어딜 가세유?

김창호　음, 서울. 내가 할 일이 있다누만, 헛허…….

박 여인　메칠이나유?

김창호　올라가 봐야 알겠는데 얼마 걸리겠어?

박 여인　일해서 먹구 살아야지유?

김창호　염려 마, 돈이 좀 있으니까 장사라도 하지.

아이들 케이크 먹으며 싸운다.

김창호　이 새끼들아, 싸우지 마. 그런 거 얼마든지 사줄 테니까, 헛허…… 며칠 굶은 놈 같구나. 알구나 먹어. 그게 케키라는 거야.

아들　케키?

또 뺏고 뺏기고.

박 여인 조용히 해, 아버지 오셨는데…….

김창호 그래, 애기는? (박 여인의 배를 본다)

박 여인 (배 만지며) 잘 자라요. 그 동안 이놈으 새끼가 어떻게 요동을
치는지…….

김창호 아들이야! 그래서 갑갑해서 발루 차는 거라구, 빨리 내보내
달라구…….

박 여인 그런가 봐유.

김창호 참 그런데 모두들 어디 갔어? 이웃에 아무도 없어! 어떻게 된
거요.

박 여인 광산이 빚 때문에 망해 버렸어요. 당신 구출하는 데 비용이
많이 들었다구! 그래서 문을 닫았어요. 광산 소장은 부도내고
도망해 버리고…… 모두들 딴 광산으로 일자릴 찾아 떠나버
렸어요.

김창호 나 때문에…….

16. 공개홀

네 개의 의자가 전면을 향해 반원형으로 놓였다. 가운데 사회자석. 벽에는 유머 게임, ABC RADIO-TV란 글자. 사회자 마이크 앞에 서서 시계를 보며 큐 사인을 기다린다.

사회 좋습니까? (조종실의 사인을 받는다) 유머 게임 시간이 돌아왔습니다.

AD가 박수치는 흉내낸다. 박수소리- 실제로 관객이 치게 하면 좋다.

사회 오늘 출연하실 박사님을 소개하겠습니다. 먼저 음악, 미술, 영화 평론가이시며 우리 유머 게임의 고정 손님이신 고만두 박사님!

박수와 함께 고만두 등장한다.

사회   박사님께선 최근에 『쥐새끼들』이란 책을 펴내셨습니다. 다음에 오늘의 게스트 코미디언이며 별명이 삽살개인 이상복 씨!

이상복 등장한다. 박수—

사회   그리고 한국의 엘비스 프레슬리 가수 엘비 김!

가수 나온다. 박수와 여학생들의 기성.

사회   끝으로 오늘의 스페셜 게스트, 지난 10월 22일 갱구 매몰로 16일 간이나 갱내에 갇혀 있다 초인간적인 의지력으로 살아 나오신 김창호 씨!

우레 같은 박수. 주악이 울리는 가운데 어설픈 양복을 입은 김창호 개선장군 마냥 손을 흔들며 나온다.

사회   김창호 씨! 방송은 처음이시죠?
김창호   예.
사회   긴장하지 마시고 마음을 턱 놓으세요. 김창호 씨 오늘 이렇게 방송에 나오셨는데 시청자한테 한 말씀 하시죠?
김창호   (연설조로) 대단히 감사합니다. 불초소생이 배운 것도 없지만…… 이렇게 방송국에 나오게 되어 영광입니다. 다 여러분이 애껴 주신 덕택이라고 생각합니다. 앞으로 배전의 애호와 지도 편달을 바라마지 않습니다.

사회   네, 들어가 앉으시죠.

      김창호 자리에 앉는다는 게 미끄러져 떨어진다. 웃음. 김창호
      다시 앉는다.

사회   (웃으며) 네, 편안히 앉으십시오. 그럼 먼저 오늘의 게스트 코
      미디언 삽살개 씨의 장기자랑부터 보시겠습니다.

      코미디언 나온다.
      적절한 레퍼토리 선정해서 할 것.

사회   네, 다음은 가수 엘비 김 씨!

      가수 나온다. 엘비스 프레슬리의 모션과 노래를 한 곡 부를 것.

사회   엘비 김 씨, 인기 대단합니다…… 저, 고만두 박사님 우리 엘
      비 김 노래와 그 다양한 제스처에 관해서 어떻게 생각하십니
      까?

고만두   이 테레비 방송국 빨리 없어져야 됩니다. 애들이 이상한 흉내
      만 배워갖고는 애 버리기 딱 알맞아요.

AD   (나오며) NG. 지금 테레비 방송하면서 방송국 없어지라고 말
      하면 어떡합니까?

고만두   뭐, 내가 말 잘못했어?

사회, 고만두 귀에 대고 사정한다.

사회   자, 다시 합시다. 미안합니다.

카메라 불 들어온다.

사회   저 고만두 박사님, 박사님께선 최근에 작곡에도 손을 대셨다
고 들었습니다.

고만두   네, 한 곡 해봤습니다. 방금 레코드 취입을 끝내고 오는 길입
니다.

사회   가수는 누군가요?

고만두   안조아란 신인 여잡니다.

사회   곡은 어떤 곡인가요?

고만두   뽕짝에 제목은 '제발 히트해 다오'.

사회   통사정했군요. 히트할 겁니다. 다음은 오늘의 스페셜 게스트
김창호 씨!

박수와 함께 일어나 나온다.

사회   뭘 하시겠습니까?

김창호   노래나 하지요.

사회   무슨 노래?

김창호   '아내여 미안하다'

사회   네, '아내여 미안하다'. 의지와 인내력의 사나이 김창호 씨의

노래 솜씨를 들으시겠습니다.

김창호 (노래)

음정이 맞지 않는 우스꽝스런 노래에 모두 배꼽을 잡고 웃는다.

사회 이 방송은 건강의 상징 설사약의 명문 강도약품 제공입니다.

CM의 소리 압도한다.

CM 왕성한 정력, 갱년기 장애에는 피나 플로톤! 감기 몸살엔 에
치스톱정! 설사고만산!

17. 어떤 실내

김창호 광부 옷차림이다.

매니저 미스터 양 헬멧을 씌워준다.

미스터 양 거울을 보시우! 비슷한가?

김창호 얼굴이 좀 검어져야 광부 냄새가 나겠는데요?

미스터 양 분장을 좀 합시다. (얼굴에 검정을 묻힌다)

김창호 돈 걷힌 게 얼마나 됩니까?

미스터 양 한 2백만 원은 넘어갑니다. 하여간 계산은 나중에 합시다. 오늘 당신 목소리 계약하면 5십만 원은 받으니까.

김창호 헛허…….

미스터 양 왜 웃으시우?

김창호 돈 벌기 아주 쉽군요.

미스터 양 유명해지면 다 그런 겁니다.

김창호 오늘 스케줄이 어떻게 됩니까?

미스터 양 (쪽지 보며) 주간 고십 기자와의 인터뷰, 당신 사진 찍을 겁니다.

김창호   광부 모습으로 말이죠?

미스터 양   예, 광산에 있을 때 찍어놓은 사진이나 있으면 이런 고생 안
하지?

김창호   난 재미있는데…….

미스터 양   기자가 갱 속에서 가장 괴로웠던 일이 뭐냐? 결혼은 언제 했
느냐? 그런 시시껄껄한 얘길 물을 겁니다.

김창호   그건 여러 사람한테 말했는데?

미스터 양   줄줄 외우고 계시우! 시간 절약되니까…… 조금씩 재미있게
거짓말을 보태!

김창호   난 거짓말을 못합니다.

미스터 양   차차 하게 됩니다. 그래야 이 짓도 오래 해먹지.

김창호   이 짓이라니? 난 그래도 양심이 있습니다.

미스터 양   누군 없수? 다 잊어버리고 있으니까 그렇지. 그런 거 끄집어
낼 필요가 없어요! 양심을 들먹이면 아주 신경질 난다구요!
자! 녹음하기 전에 한 번 더 연습합니다. 읽어봐요! 감정 넣어
서…….

김창호   (읽는다) 과자라면 구수한 경상도 뭉둥깡. 너도 나도 먹자, 영
양 많고 맛있는 문둥깡! 문둥깡의 자매품 차카라쿠키!

미스터 양   좋습니다. 우악스럽게. 여자들이 들으면 먹고 싶어 미치고
환장하게 해야 합니다. 갑시다!

김창호   당신 수고가 많습니다. 댁의 일도 바쁠 텐데 나를 위해서 뛰
어주니 내가 인복이 많은 모양이죠?

미스터 양   오해하지 마시우! 난 매니저요. 당신 수입금의 10퍼센트를
먹는다구요. 양심적으로…… 아— 또 신경질 나는군!

18. 김창호의 집

박 여인 물지게 지고 들어온다. 젊은 광부와 아낙네 이불짐 들고 들어오다 마주친다.

광부3   안녕하세요?

박 여인   아이구, 정 씨 아저씨, 어떻게 오셨수?

광부3   광산이 다시 열린대요.

박 여인   색신가봐?

광부3   예, 얻었어요. 인사드려, 그 김창호 씨 있지? 그 분 아주머니셔.

아낙   안녕하세유? 말씀 많이 들었어유?

박 여인   고생될 텐데…… 그래 뭣 때문에 기어 들어와? 도회지 간다면서?

광부3   별 수 있습니까? 우리 아님 누가 땅 속에 기어 들어가 석탄을 캐겠어요? 천직이지우.

아들, 딸 뛰어 들어온다.

광부　　너희들 많이 컸구나!

아들 · 딸　안녕하세요?

광부　　참, 애들 아버진 언제 온답니까?

박 여인　곧 온다곤 하는데 바쁜가벼.

광부　　잘 됐어요, 애 아버진. 그럼 또 뵙겠어요.

박 여인　조심해 가요. 색시 잘 살아요.

　　　　광부와 아낙 퇴장한다.

아들　　엄마, 아버지 언제 와?

박 여인　나한테 묻지 말어, 내가 아니? (배에 진통이 온 듯 배를 만진다)

19. 요정

김창호 양 옆에 기생 뒤어와 앉는다.

미스터 양 잘 모셔라! 이 분이 바로 김창호 씨다.

기생 어머! 어머! 이 분이 실물이구나? 이 팔 좀 봐! (김창호의 팔을 만진다)

김창호 어쩔 줄 모른다

기생 TV에서 본 것보다 잘 생겼다! 볼에 살도 통통히 오르고…….
그 모자 좀 써 볼래요?

김창호 히히거리며 헬멧 써본다.

기생 웃어봐요!

김창호, 씩 웃는다.

기생　　　어머 동물적이셔! 굴 속에 있을 때 얘기 좀 해보세요!

김창호　수십 번 했는데요.

기생　　　그 속에 있으면서 여자 생각 안 나요?

　　　김창호 여자를 내려다본다.

기생　　　(품에 파고들며) 솔직히 얘기해 봐요. 나한테만……. (손 처리를 못하고 있는 김창호의 팔을 잡아 자기 어깨에 돌린다)

　　　얼어붙는 김창호.

미스터 양　괜찮어. 이 여자 당신한테 반했다구. 당신 거야.

기생　　　어떻게 반하지 않을 수 있어요? 돈이 5백이나 있다는데.

미스터 양　아무리 기생이라도 돈 얘기 좀 빼라. 김창호 씨 뭘하구 있어? 놀자구, 인생이 노는 거 빼면 뭐 있나. (일어나며) 야, 옥자야. 잘 모셔라. (나간다)

김창호　같은 여자래도 어떻게 이렇게 부드럽게 빚어놨을까?

　　　기생 웃어 제낀다.

기생　　　이러구만 있을 거야? 시시하게.

김창호　마음대로 해도 되는 거야?

기생　　　그럼.

김창호　일어나 봐.

기생 일어난다.

김창호　한바퀴 돌아봐.

기생 돈다.

김창호　웃어봐.

기생 웃는다. 김창호 끌어안으면서 웃는다.

김창호　하하…… 이렇게 좋은 걸 왜 진작 몰랐을까? 아─ 하…….

20. 김창호의 집

어두운 조명 속의 박 여인의 진통의 신음.

박 여인 아—

아들 아버지 어디 있어?

딸 엄마!

21. 기생집

뾰로통히 부어있는 기생의 무릎을 베고 누운 내복 차림의 김창호.

김창호 널 만나구 말이야. 여태까지 내가 헛살았던 거 같애.

기생 신경질 나게…… 시끄러워요.

김창호 신경질 내지 마.

기생 오늘이 며칠이지?

김창호 어? 글쎄…… 몰라. 아무 것도 생각이 안 나는데? 눈에 보이는 것도 없구, 들리는 것도 없어— 내가 갱 속에 갇혀 있을 때처럼.

기생 그 소린 이젠 듣기도 싫어. 그게 뭐 자랑이라구.

김창호 싫어? 그럼 안 하지.

기생 당신 이러구 있을 거예요?

김창호 앉어 있으라구? 무릎이 아픈가? (만져준다)

기생 어휴, 돌대가리 같으니. 아무래도 내가 돌았지.

김창호 뭐야? 말을 해. 나한테 말 못할 고민이 있어? 네 말이라면 뭐든 들어줬지 않아? 내 건 다 네 것이 됐다구. 말을 해. 뭐야?

기생　아직도 나한테 줄 게 남았어?

김창호　내가 있잖아. 나 흐흐…….

기생 벌떡 일어난다. 양복을 입힌다.

기생　나도 할 만큼 했으니…… 자, 입어요.

김창호　어디? 극장 구경가게?

기생　집으로 가세요.

김창호　집? 무슨 집? 이게 내 집인데.

기생　정신 있어요? 이건 내 집이에요.

김창호　그렇지만 이봐요.

기생　당신 기생이 뭔 줄 아셨어요? 돈 떨어지면 당연히 물러날 줄 알아야지?

22. 어느 방

미스터 양 손톱 갈고 있다.

김창호 (호기 있게) 아— 미스터 양! 오랜만입니다.

미스터 양 (힐끗 보며) 미스터 양, 미스터 양 하지 말아요. 내 나이가 몇 인데?

멈칫하는 김창호.

김창호 저, 우리 다시 그 전처럼 일합시다. 방송국도 나가고, 무슨 바 자회도 열고, 내 목소리 좋아졌습니다. 아— (발성)

미스터 양 시끄러! 시끄러! 당신 뭐하려고 그래? 난 당신 매니저 아니 라구. 난 신인가수 옥명아를 데뷔시킨 매니저야.

김창호 나두 노래 기차게 잘 할 줄 안다구요. (구성진 유행가를 술집 가락조로 한 구절 뽑는다)

미스터 양 그게 노래요? 편도선 앓는 소리지.

김창호 전에는 내가 한 마디 하면 모두 박수쳤는데.

미스터 양 그땐 당신이 상품 가치가 있을 때지. 지금은 다 잊어버렸다구요. 신기록이 또 나오기 전엔 김창호 씬 아무 것도 아니야. 매니저가 뭔데? 상품 가치가 있는 사람만 골라내는 게 직업이야.

김창호 그럼 다시 땅 속으로 들어갔다가 더 오래 있다 나오면 안 될까요? 그 동안 잘 먹어둬서 자신 있는데…….

김창호의 얼굴 비창하리만치 진지하다.

23. 광산촌

헬멧 쓴 광부1, 2, 3, 기타, 곡괭이 메고 일하고 있다.
김창호 늙고 허술한 모습으로 등장한다.

김창호   여보게, 잘 있었나?

광부1   누구시더라?

김창호   나 몰라, 나 김창호야. 동진 광업소에 있던.

광부2   김창호?

광부1   아니 이게 어떻게 된 거야?

김창호   돌아왔네.

광부3   어떻게 왔어? 자넨 서울서 아주 성공했다구 그러던데?

광부2   자넬 모두 기억하고 있어. 자네가 난 신문을 오려 둔 친구도
        있고…….

광부1   TV 봤지. 그런데 어쩐 일인가?

김창호   (쓴웃음) 혹시 내 처와 애들 못 봤나? 찾아갈 데라곤 거기뿐인
        데 가족을 잃어버렸네.

광부1   가족을 잃어버리는 수도 있나? 나는 잃어버리고 싶어도 쇠사

슬처럼 묶여 있는데.

광부2   처자는 쇠사슬이지.

광부1   가세, 일할 시간이야.

김창호   나도 일할 수 있을까? 갱 내에 들어가서?

광부1   자네 얼굴을 봐. 손을 보게. 우리하곤 빛깔이 달라졌어.

강부2   가보게, 뭣하러 들어오나? 이 흙구덩이 속에?

모두 인사하며 노래를 합창하며 나간다. 김창호 혼자 남는다.
아주 서서히 자기 손을 들여다본다.

24. 기자실

홍 기자 논문을 읽고 있다. 때로 만년필로 가필도 해가면서.

홍 기자 현대 사회는 다원적인 계층의 구조를 이루고 있다. 광대한 지
역에 산재한 생활 영역으로 인해 복잡 다양한 사회 계층을 이
루고 있어서 이 계층간에는 많은 모순과 대립이 있을 수밖에
없다. 따라서 어떤 계층은 소외되는 부분이 있게 된다. 이 사
회성원 사이의 상호 이해를 위해서 매스 커뮤니케이션의 미
디어는 대중 교통을 대리하는 것이다. …… 거대한 집단으로
서의 현대 사회에 있어서는 인간 사이의 개인적인 회화나 퍼
스널 커뮤니케이션은 실질적으로 불가능해졌다. 따라서 매스
미디어는 모든 사회적 기능성을 포함하고 있으며 대중사회의
필요 불가결한 조건이다.

이 동안 김창호 등장해서 홍 기자가 자기를 봐주기를 기다린다.

김창호 선생님…….

홍 기 자 뭡니까?

김창호 저 모르시겠습니까?

홍 기 자 당신 누군데?

김창호 홍 기자님이시죠?

홍 기 자 그런데요?

김창호 저 김창홉니다.

홍 기 자 김창호? 여보 김창호란 이름이 한두 개요?

김창호 동진 광업소 동5 갱에 묻혀있던 광부 김창호.

홍 기 자 아? 김창호 씨?

김창호 (반갑다) 역시 절 알아보시는군요. 그럴 줄 알았습니다. 모두
참 고마웠지요. 전 정말 잊지 않고 있습니다.

홍 기 자 그런데 뭐 볼일 있수? 나 지금 바쁜데…….

김창호 절 좀 도와주십시오. 가족을 잃었습니다. 차비도 떨어지
구…….

홍 기 자 (돌아서서 5백 원짜리 주며) 이거 가지구 가시우. 그리고 아래
층 광고부에 가면 사람 찾는 광고 취급합니다. 나 바빠
서……. (김창호를 무시하고 다시 논문을 본다)

김창호 멍하니 말을 잃는다. 홍 기자가 논문의 마지막 부분을
읽는 동안 천천히 퇴장한다.

홍 기 자 결론, 따라서 매스컴이 없으면 하루도 살 수 없는 것이 현대
인이다. 매스컴은 20세기적인 종교가 되었고 종래의 어떤 종
교나 예술보다 긴요한 현실적 가치로 받아들여지고 있다. 그

러나 우리는 그 무한한 기능으로 인해 인간 부재의 매스컴에 이르지 않는가를 무단히 경계하고 자각해야 할 것이다. 매스 커뮤니케이션! 매스컴! 이 얼마나 위대한 단어냐?

25. 거리

거의 거지나 다름없이 된 지치고 초췌한 수염투성이의 김창호,
기다시피 걸어온다. 그러다 문득 앞을 본다. 아들, 딸을 데리고
이불짐을 들고 나오던 박 여인과 마주친다. 해산을 해서 해쓱해
진 박 여인.

박 여인 여보! 어떻게 여길?

말을 못하는 김창호.

아들 아버지?

아들, 딸 달려간다. 아무 말 없이 한 발 주저앉아 양팔에 안고
얼굴을 부비는 김창호. 천천히 고개 든다. 부인과 마주친다.

김창호 애기는?

박 여인 (외면하며) 죽었어요. 사산했어요.

김창호 (털썩 주저앉는다) 왜? 왜 죽여? (땅을 긁으며 미친 듯) 뱃속에서 그 캄캄한 곳에서 나오고 싶어 몸부림치는 애를 왜 죽여? 왜? 푸른 하늘을 보려구 참고 열 달이나 갇혀 있던 앤데 왜 그냥 묻어버려? 왜?

어디선가 폭음.
사이렌 소리.
김창호 벌떡 일어난다.
사이렌 소리 더 크게.

김창호 아! (괴로운 비명 지르며) 가야지!

박 여인 여보! (잡는다)

김창호 내가 저 속에 있어야 돼. 저 속에 내가 묻혀 있어야 돼. 난 그래두 살아 남을 수 있어. 오래! 아주 오래!

박 여인 여보 정신 차려요!

26. 현장

TV 카메라가 가운데 설치되고 있다. 구경꾼들 호기심에 카메라 앞에 몰려 있고, 경찰은 정리에 바쁘고, 홍 기자 마이크 잡고 방송 준비. 카메라에 라이트 비친다.

홍 기자   여기는 강원도 정선군 동민 광업소 사고 현장입니다. 메탄가스 폭발로 인한 사고로 채탄 작업중이던 광부 34명이 매장됐습니다. 그러나 전원 사망한 것으로 추정된 광부 중 폭발한 갱구 아래쪽 대피소에 있던 배관공 22세 이호준 씨가 아직 살아 있음이 지상과 연결된 배기 파이프를 통해 확인됐습니다. 지금 보시는 부분이 사고난 갱구 입구입니다.

이때 이불 보따리를 멘 김창호 일가 등장한다. 홍 기자, 김창호를 발견한다. 홍 기자 달려온다.

홍 기자   김창호 씨. 잠깐만! (이불 보따리를 벗겨 카메라 앞에 세운다)
홍 기자   시청자 여러분! 기억에도 새로운 매몰 광부 김창호 씨가 이 자리에 나오셨습니다. 지난해 10월 갱구 매몰로 16일간 갱구에 갇혀 있다 무쇠 같은 의지와 강인한 육체로 살아 남은 김창호 씨!

구경꾼들 일제히 김창호 씨에게 시선 주며 박수친다. 김창호 처음에는 머뭇거리다 웃으면서 손을 들어 답례한다.

홍 기자 김창호 씨 어떻게 생각하십니까? 지금 지하 1천 2백 미터 갱 내 대피소에 배관공이 갇혀 있습니다. 그 사람이 구출될 때까지 갱 내에서 주의할 점은 무엇입니까?

김창호 예, 먼저 체온을 유지해야 합니다. (신이 났다) 제 경험으로 봐서 배고픈 건 움직이지 않으면 참을 수 있는데 추운 건 견디기 힘듭니다. 전구라도 있으면 안고 있어야 합니다. 배기 펌프로 공기도 계속 넣어줘야 되구요.

그 사이 기자 한 사람 뛰어 나와서 홍 기자에게 귀엣말 한다. 홍 기자 마이크 뺏어 자기 말을 한다.

홍 기자 방금 살아 있던 것으로 알았던 배관공의 죽음이 확인됐습니다. 공기를 공급하던 배기 파이프에 가스가 차서 질식했다는 광업 소식입니다. 정선군 사고 현장에서 홍성기 기자가 말씀 드렸습니다.

카메라 치운다. 구경꾼들 이젠 흥미 없다는 듯 카메라를 따라

나간다.

김창호 (정신없다) 여보세요. 또 주의할 게 있습니다. 갱 속에서 오래 견디려면 바깥 생각은 말아야 됩니다. 그저 꾹 참고…… 언젠 가는 빛이 보이겠지 하는 희망을 갖구…… 희망…….

김창호 씨 일가 외엔 아무도 없다.

박 여인 여보, 가요!

김창호 어디로 가? 땅 속으로, 아니야, 그래 하늘로 가자! 하늘로 가 서 모두 깜짝 놀랄 기록을 세울 거다. 우리 다같이 가자. 하늘 에서 기록을 세우는 거다.

일가 보따리 들고 천천히 퇴장한다.

신화 1900

등장인물 ——————————————————

작가(재판장역)
서 박사(변호사역)
김기창(환자)　　　　김한돌(환자)
정순범(환자)　　　　이동욱(환자)
여자간호사　　　　　남자간호사
환자1(검사역)　　　　환자2(수사관역)
환자3(기자역)　　　　유인옥
이진홍　　　　　　　운전수
기타 남녀 환자들

1장

막 오르기 전, 어두워지면서 키들거리는 남자의 웃음소리 들린
다.

'낄낄낄…… 키드득…… 흐흐……'

관객이 그 웃음소리에 귀를 기울이게 될 즈음, '악!' 하는 비명,
그리고 발악하는 소음, 어지러운 발자국소리, 비명에 재갈이 물
리는 듯 후드득거리며 잠잠해지면 질질 고는 발소리만 잠시 들
린다. 막이 서서히 오른다. 무대 정면 의자에 팔, 다리가 묶여
있고 입에 재갈이 물린 김기창, 환자복으로 눈만 부릅뜬 채 앉
아 있다.

남자간호사, 여자간호사 양쪽에서 복잡한 기구를 만지며 준비
태세, 서 박사 의사복 입고 작가와 함께 보고 있다. 남자간호사,
스위치 넣는다. 전류가 흐르는 불빛과 소리, 김기창의 몸이 빳
빳하게 경련하듯 굳어진다. '으……' 하는 가는 비명이 새나온
다. 남자간호사, 스위치 뺀다. 뻗은 채 굳어 있던 김기창의 몸이
축 늘어진다. 그러나 정신을 잃지 않은 듯 멍한 눈길로 본다. 여
자간호사, 잽싸게 팔, 다리에 묶었던 줄을 푼다. 남자간호사, 김

기창을 일으켜 세운다. 김기창은 거의 탈진한 상태로 비실거리며 한 발자국 뗀다. 주위를 둘러보는 얼굴, 김기창의 팔을 끌고 퇴장하는 간호사들.

서 박사 우린 환자한테 때때로 전기 충격요법을 사용하네. 물론 기분 좋은 일은 아니지.

작가 저렇게 전기 충격을 주면 두뇌에 이상은 없습니까?

서 박사 전류가 머리로는 흐르지 않아. 설사 125볼트의 전류가 1초간 머리로 흐른다고 해도 큰 피해는 없다는 것이 동물실험에 의해 증명되고 있네. 저 환자에겐 110볼트의 전류를 1, 2초간 흘렸을 뿐일세. 긴장된 근육과 신경을 이완시키는 작용을 해 준 것이지 정신은 또렷할 거야.

작가 간혹 환자를 때리기도 하나요?

서 박사 이 군, 여긴 병원이지 교도소는 아닐세. 우리들이 하는 일은 환자들의 치료와 회복을 위해서지 단지 그들을 제압해서 순종시키는 데만 목적이 있는 건 아니야. 물론 때때로 문제가 발생할 때도 있어. 그러나 그 문제란 건 환자 자신이 병들어 있다는 걸 인정하지 않기 때문에 생기네. 우리의 치료 행위가 환자의 의사에 반하는 경우가 대부분이거든.

작가 알 만합니다, 박사님.

서 박사 나는 의사지 교도관이 아니야. 핫하…….

작가 박사님, 저를 부르신 이유는 이 끔찍한 장면을 구경시키기 위해선 아니시겠죠?

서 박사 아니지. 자네 도움이 필요해설세. 지금 저 환자 말이야. 어딘가 가고 싶다고 부르짖으면서 발작을 하는데 얘기를 시키면 자신에 관한 일은 일체 말을 하지 않고 있어. 말을 하지 않으려는 환자한테는 정신분석의 방법도 소용이 없단 말일세.

작가 여긴 어떻게 들어오게 됐습니까?

서 박사 발작을 일으켜서 가족이 데려왔어. 가족의 말로는 살인 누명을 쓰고 사형언도까지 받았었는데 대법원에 가서야 무죄가 선고돼 풀려난 적이 있다는군.

작가 흥미가 있군요, 살인범이라면.

서 박사 무죄로 나왔다니까 살인범은 아니겠지.

작가 그렇다면 진범이 잡혔다는 얘긴가요?

서 박사 그런 얘긴 못 들었네.

작가 제가 도울 일은 뭔가요?

서 박사 정신병의 치료는 첫째, 환자의 입을 열게 하는 데 있어. 그 동안 환자 주변의 가족면담도 했고 환자 자신에 관해서도 조사했지만 별 소득이 없었네. 단지 그가 강박관념, 피해망상에 젖어있다는 진단 외엔……. 그 사람이 겪었던 사건 경험의 내용을 재구성해서 그 속에 환자를 집어넣는 방법을 시도해 볼까 하거든.

작가 사이코드라마 말입니까?

서 박사 그래 바로 그거야. 그래서 자네의 도움이 필요한 거야. 내 병원에선 아직 사이코드라마의 방법을 써보진 않았거든. 이견이 없진 않지만 1920년 이후 서양에서는 많이 시도하는 치료 방법이지. 우리나라에서도 일부 정신병원에선 이 방법을 쓰고 있다네. 효과도 꽤 있다는 보고도 있어.

작가　그렇다면 흥미가 있습니다. 저도 3년 전에 정신 치료원에 있는 친구 때문에 사이코드라마에 가담을 하고 그때그때 스크립도 쓴 적이 있습니다.

서 박사　그런 줄 알고 자넬 부른 거야. 한번 같이 해봤으면 좋겠는데?

작가　그러려면 사전 연구가 필요할 텐데요?

서 박사　자료와 도움 되는 기록들을 먼저 검토해야겠지.

작가　좋습니다! 다른 일 제쳐놓고라도 박사님을 돕겠습니다.

서 박사　그럴 줄 알았네. 시작하기 전에 먼저 알아둘 건 이 병원엔 여러 가지 증세의 환자가 많다는 사실, 그래서 그들도 치료 대상으로 삼아야 된다는 거야.

작가　시작합시다. 박사님! 그럼 지금부터 자료를 검토하겠습니다.

2장

병동 내의 강당.

의자들, 여러 개 놓여 있다. 조금 높은 곳에 재판석 비슷한 자리, 환자들, 남자간호사와 여자간호사에 안내되어 비실거리며 들어온다. 두리번거리고 공포에 질린 모습, 그 중엔 김기창의 모습도 보인다.

여자간호사 자, 다 제자리에 가서 앉아요.

환자들 모두 뒤에 일렬로 배치된 의자에 가서 앉는다. 정돈시키는 간호사,
여자간호사 퇴장하고 나서 사이 두고 서 박사와 작가 들어온다.
여자간호사 뒤따라 들어와 환자 옆에 선다.

서 박사 다 준비된 모양인데 시작하게.
작가 네, 피고인 앞으로 나오세요! (아무도 나오지 않는다) 김기창 씨!

김기창 (일어나며) 나는 피고인이 아닙니다. 날 피고인이라고 부르지
       마세요!

서 박사 김기창 씨, 죄송합니다. 물론 김기창 씬 피고인이 아닙니다.
       그렇지만 오늘 이 연극에선 피고인이 돼주기로 약속했지요?
       부탁합니다.

김기창 아…… 예…….

       여자간호사의 안내로 피고인석에 가서 앉는다.

작가   (쪽지 보며) 김동석 씨.

환자1 (일어난다) 제가 검사 역을 맡기로 했습니다. 작가 선생, 어떻
       게 저를 알아보고 검사 역을 시켰죠? 전 말이죠. 캐나다 고등
       검찰에 부장검사로 있었는데 워터게이트 사건 때 미국 연방
       법원에서 자꾸 거들어 달래서 아예 이곳으로 피신했습니다.
       국가간의 외교문제도 있고…….

       여자간호사 가운을 가져다준다. 환자복 위에 가운을 걸치는 환
       자1 옷을 입어보며 히죽 웃는다.

작가   가서 앉아요.

환자4 아휴, 언제 멀쩡해지나 고등고시 몇 번 떨어지더니 아주 돌았
       어.

       간호사, 환자1을 검사석에 앉힌다.

작가   박사님, 변호인을 맡으셔야겠습니다. 제가 재판장을 맡아 진행하겠습니다.

서 박사 끄덕이며, 의사 가운을 벗는다. 안에는 양복을 입었다. 변호인석에 가서 앉는다. 작가 관객석으로 한 발자국 나와 선다.

작가   (버레이터) 여기는 성 베드로 정신신경 치료원입니다. 여기 있는 환자들은 주로 신체조직의 손상 없이 구토를 반복한다든가, 경련마비, 건망증, 공포증, 강박증 등 심리적인 원인에 의해 증세를 보이는 환자들입니다. 보시다시피 간혹 발작을 일으킬 때만 제외하고는 정상인과 다름없이 행동합니다. 아, 죄송합니다. 먼저 자신에 대해 소개해야겠군요. 저는 작가입니다. 제가 관심을 갖는 소재는 주로 인간의 질병, 특히 정신병입니다. 인간의 본질, 그 본연의 모습을 정신병 환자를 통해서 가장 잘 들여다볼 수 있기 때문입니다. 손목시계가 작동하는 원인을 알려면 고장난 시계를 분해해봐야 알 수 있는 것처럼 말입니다. 저는 이 병동에서 아주 흥미 있는 사건에 접하게 되었습니다. 한 인간이 전혀 자신의 책임으로서가 아니라 타인에 의해 살인자가 되는 과정이 저를 놀라게 한 것입니다. 그 타인 중에는 여기 앉아 계신 여러분과 저도 포함이 돼 있습니다. 이제부터 환자 김기창 씨의 사건 내용을 때로는 재판극으로 때로는 현장으로 재구성해 보겠습니다. 먼저 양해드리고 싶은 것은 이 재판극이 실제 재판의 모든 절차를 무시하고 진행된다는 사실입니다. 그리고 궁극적으로 이 사건을 되씹는 것은 억울한 누명으로 정신병자가 된 한 인간을 정상의 세계로 돌려보내고 싶은 순수한 인간적 의무 때문이기도 합니다.

작가 무대로 돌아가면, 여자간호사 가운을 가져다준다. 가운을 입고 재판석에 앉는다. 라이트가 재판정에 비춰지면 검사, 변호인, 피고인, 재판장이 배석한 재판정이 된다.

작가 지금으로부터 피고인 김기창 씨에 대한 유괴 살해사건 제 1차 공판을 시작하겠습니다.

서 박사 잠깐 재판을 시작하기 전에 분명히 짚고 넘어갈 일이 있다고 생각하는데.

작가 그게 뭡니까 박사님!

서 박사 이 재판은 언론에 의해 이미 피고인의 유죄가 확정돼 버린 상태에서 진행되고 있거든, 그 점을 먼저 밝혀야 하지 않을까?

작가 말씀하시죠.

서 박사 (신문철을 재판장석에 가져다 놓는다) 신문은 검사의 공판청구 이전에 피고인을 살인범으로 몰고 있어요. 피고인 체포 당시의 신문 머릿기사만 간추리면 '철수 군 살해 진범 체포' '드디어 잡힌 살인귀' '철수 군 살해범 일망타진' 등 모두 피고인을 진범으로 몰고 있거든. 경찰이나 검찰에 공판청구 이전에 이미 피의 사실을 공표하여 피고인의 범죄 사실이 재판에 의해서 확정되기 전에 피고인을 범인으로 단정해서 여론을 조성하고 있다는 점이 문제라고 생각하네.

작가 　기자! 기자 역을 맡은 사람이 누구지요?

환자 중의 기자 한 사람, 열 밖으로 나와 선다.

환자3 　접니다.

여자간호사 빵모자와 파이프 담배 가져다준다.

작가 　김기창 씨에 대한 체포기사를 쓴 사실이 있지요?

환자3 　예, 있습니다.

작가 　진범이란 뜻이 뭔가요?

환자3 　진짜 범인이란 뜻이죠.

작가 　그럼 가짜 범인도 있습니까?

환자3 　기사의 박력을 주기 위해선 그냥 범인이라기보다 진범이라고
　　　해야 사회면 대가리 기사가 되기 때문에.

작가 　진범이라고 단정한 근거는 뭡니까?

환자3 　그 당시엔 진범인 줄 알았습니다. 검찰의 지휘를 받아 사건을
　　　수사했던 수사관이 귀띔을 했습니다.

작가 　수사관! 최 수사관!

환자2 앞으로 나선다. 여자간호사 가죽잠바를 입힌다.

작가 　김기창을 체포할 당시 진범을 체포했다고 말한 사실이 있습

니까?

환자2 아니오, 전 그런 말 한 적이 없습니다. 짐작이 틀림없이 범인일 거라고 생각했을 뿐입니다.

환자3 자네가 그러지 않았어? 틀림없는 범인이라고!

환자2 범인이라는 심증은 가는데 아직 증거가 없으니까 기다려보라고 했지 않아?

환자3 심증이 간다는 건 곧 범인이라는 소리나 같은 거 아냐?

환자2 어째서 같은가? 우린 증거가 있어야 범인으로 구속하고 공소유지를 할 수 있는 거요! 아직 기사를 쓰지 말고 기다리라고 했는데!

환자3 기자는 기다릴 수가 없는 겁니다. 우리는 느낌과 확신만 있으면 써야 돼요! 기자라고 다 사실을 파헤칠 수는 없어요! 기자는 사실을 해결하는 수사관도 진리를 탐구하는 학자도 아닙니다. 사실의 신속한 전달, 이것만이 기자의 임무요! 특종을 놓치는 것보다 차라리 오보를 내는 게 기자에겐 낫소!

환자2 그래서 그 엉터리 거짓말 기사들을 써대는군!

환자3 그렇소! 짐작하고 추측만으로 써야 할 때도 있어요! 주간지를 한번 봐요. 반은 짐작으로 쓰고 반은 거짓말로 쓴 겁니다. 배우들 가수들 사생활, 그 따위 기사들이 사실인 줄 아시오? 사실 그대로 쓸 필요도 없는 겁니다. 사실은 아무도 알고 싶어 하지 않아요. 독자는 드라마를 원하는 겁니다. 추잡한 사생활과 엽기적인 사건들…….

작가 그만! 그만해 둬요! 기자는 김기창 씨의 체포기사를 용의자로서가 아니라 진범으로 표시한 사실은 인정하고 있지요?

환자3 재판장님. 신문이란 건 시간 시간을 다투며 만들어내는 대중 매체입니다. 돈벌이 상업성이 우선한다는 점을 잊지 말아 주십시오. 용의자 체포라고 해선 일단기사밖엔 안 됩니다. 아침 식탁에 앉은 사람들을 깜짝 놀라게 해서 식사를 중단시키는 돌발사고나 특종, 그래서 점심 때나 저녁 때에도 신문을 찾게 하려면 계속해서 시선을 끄는 표제를 달지 않으면 안 되는 겁니다. 정확한 기사를 쓴답시고 어물거릴 시간이 없어요. 우리 신문기자는 정의의 사도가 아닙니다.

작가 그럼 진실이란 건 어떻게 되는 거죠? 신문의 기사는 몇 퍼센트가 진실입니까?

환자3 진실이란 게 도대체 뭔가요? 진실이 뭐 말라 비틀어진 겁니까? 이 세상 어디에 진실이 있습니까?

작가 너무 흥분하지 마세요. 이제 이만하면 됐어요. 자…… 다음 순서로 넘어갑시다.

환자3 아니 할 얘기 더 있어요. 나도 신문에 대해 일가견이 있단 말이오. 더구나 오늘 이 연극에 대비해서 연구하라고 하지 않았소? 짚고 넘어갈 건 짚고 갑시다.

작가 아니, 글쎄 그만하면 됐다니까요.

환자3 야, 니가 신문이란 것이 무언지 그걸 얘기하래서 열심히 연구해서 나왔는데 중간에서 끊어? 야, 이 새끼야. 난 적어도 진실하게 연구했어. 이거 도무지 내가 얘길 하면 모두 중간에서 끊어버리는데…… 나 내 마누라 죽이지 않았어. 보트가 뒤집혔을 뿐야…… 그때 내가 술에 취해서…… 그런데 남들이 날 미친놈이라구 제 여편넬 죽였다구 손가락질하는 게 견딜 수 없어……

환자2 (낄낄거리고 웃으며) 주절대고 있네! 진실이 뭐 어째? 진실이
란 건 무르팍 두어 번 걷어차면 술술 나오는 게야. 좀 센 놈은
비행기나 태우면 뭐든 나와! 그게 진실이야 임마!

환자3 뭐야, 이 더러운 자식!

기자, 달려 들어가 수산관의 멱살을 잡으며 뒹군다. 박수치며
좋아하는 환자들.

간호사 조용히! 조용히!

간호사, 회초리 나른다. 서 박사 가운 입으며.

서 박사 간호사! 환자들을 방으로 돌려보내요!

여자간호사 자, 모두 제자리에! 모두 노래 부릅니다. (선창) 우리는 세
상에 둘도 없는 다정한 친구…….

하나, 둘 따라하면서 합창소리 고조된다. 간호사를 따라 줄 서
서 서서히 퇴장한다.

3장

병동의 강당, 환자들, 자리에 일렬로 앉아 있다. 김기창 서 있다. 서 박사, 작가 역시 동석해서 김기창을 보고 있다. 간호사들 양쪽에 서 있다.

작가 저녁밥을 먹고 나서 여덟 시…… 여덟 시 반 그쯤 됐어요. 전집 앞의 골목에서 바람을 쐬고 있었죠. 옆집 해장국 아줌마하고 서커스 얘길 하고 있었구 동네 빈터에 곡마단이 들어왔어요.

곡마단 소리에 환자 중에 키 작은 순범 휙- 손가락으로 휘파람을 불어대며 재주넘기를 한다. 환자들 박수 쳐댄다.

남자간호사 그만 조용히 해요.
여자간호사 제자리에 앉아요 모두!

남자간호사, 순범의 목덜미를 반짝 들어 의자에 앉힌다. 간호사들의 위협에 잠잠해지는 환자들.

작가　김기창 씨 계속합시다. (머뭇거리다가) 그런데 느닷없이 어디
　　　선가 남자들이 나타나더니…….

환자 중 환자1, 환자2 그리고 다른 한 사람 나타나서 김기창의
팔을 뒤로 잡아 꺾는다.

김기창　아, 왜 왜 이러세요?
환자2　네가 김봉규지?
김기창　아닙니다. 사람 잘못 봤어요. 전 김기창입니다.
환자1　김기창! 바로 맞았어! 가자!
김기창　여보세요, 누구세요? 어디로 가는 겁니까?
환자2　가보면 알아!
김기창　여보세요, 왜 이러는 거예요? 난 김기창이에요. 김봉규가 아
　　　닙니다.
환자1　알고 있어!

재판정 있는 쪽으로 간다. 그 자리는 이미 취조실 비슷하게 되
어 있다. 환자1, 2 김기창을 끌어다 앉힌다.

김기창　저, 나는 김봉규가 아닙니다.
환자2　물론 아니지. 범인더러 제 이름 곧바로 대면 ‘네’ 대답하는
　　　놈이 있는 줄 알아? 딴 이름을 슬쩍 대면 백발백중 제 이름을

대거든? 핫하…… 영감님 어떻습니까? 제 수법이.

환자2 김한돌이 알지?

환자1 묻는 말에 대답해.

김기창 예, 압니다. 한동네 살아요.

환자2 지난 8월 6일 밤 9시쯤 범천공원에서 아베크를 털어서 돈과 트랜지스터 라디오를 뺏은 일 있지?

김기창 그런 일 없습니다. 누가 그런 얘기 해요?

환자2 김한돌이 자백했어.

김기창 난 그런 일 없습니다. 난 도둑질 같은 거 한 적이 없어요. 한돌일 만나게 해주세요.

환자1 특수강도죄로 구속하도록! 공범은 김한돌이야.

환자2 예! 영감님. (환자석으로 돌아간다)

김기창 난 도둑이 아닙니다. 난 죄가 없어요. 제발 내보내줘요! 으흐.

점점 몸을 떨면서 울기 시작한다. 무대 전체 밝아지며 서 박사, 작가 다가온다. 기창의 어깨를 만진다.

서 박사 김기창 씨 진정하세요. 여기선 아무도 죄인이 아닙니다. 우리는 지금 연극을 하고 있는 거예요. 안심하세요. 자…….

김기창 (그제야) 아…… 죄송합니다. 깜박 잊었어요.

서 박사 계속해도 될까요?

기창 끄덕인다. 다시 취조실 조명으로.

환자1　(온다) 좀 반성해 봤어?

김기창　예?

환자2　숨겨도 소용없어. 이젠 다 알고 있단 말이야. 어서 바른 대로 얘기해.

김기창　뭘 얘기하라는 겁니까? 난 도둑질한 적 없습니다.

환자2　딴청하고 있군. 우린 그렇게 바지저고리가 아니야. 순순히 말할 때 자백하는 게 좋아.

김기창　뭘 자백하란 말입니까? 난 죄가 없습니다.

환자2　철수 알지?

김기창　철수가 누군가요?

환자2　철수 몰라? 네가 죽인 초등학교 1학년짜리 이철수.

김기창　예? 죽이다뇨?

환자2　네가 망을 보는 동안 네 하수인이 철수를 죽였지?

김기창　선생님, 난 철수가 누군지도 모릅니다.

환자1　이 사람! 신문도 안 봤어? 철수 군 유괴 살해사건의 철수 몰라? 전 국민들이 다 알고 있는데 너만 몰라?

김기창　아…… 그 철수…….

환자2　그래…… 아– 그 철수야! 이젠 알겠나?

김기창　(기가 막힌다) 난 그런 앤 본 적도 없습니다. 그런데 내가 왜?

환자2　네 공범 한돌이가 철수를 살해했다고 자백했어.

김기창　난 아닙니다. 난 아무도 죽이지 않았습니다.

환자1　최 수사관, 그 녀석 끌고 와!

환자2　예. (일어나 한돌을 끌고 앞으로 나온다)

김한돌　기창아, 고생이 많다.

김기창 한돌아! 어떻게 된 거니?

김한돌 이왕 탄로났으니 영감님 앞에 용서나 빌자.

김기창 무슨 소리 하는 거야?

김한돌 야, 기창아. 시치미 떼도 소용없어! 너하고 나하고 철수를 죽이지 않았니? 두 달도 안 된 일인데 벌써 잊어버렸어?

김기창 뭐? 너 정신 나갔어? 우리가 언제 사람을 죽였냐? 제발 바른대로 얘기해라!

김한돌 자식 비겁하게 이제 와서 발 빼고 있어?

환자2, 꼬마 순범을 끌고 나온다.

정순범 기창이 형 오랜만입니다. 안녕하슈?

김한돌 기창이가 정신이 오락가락하는 모양이다.

정순범 형 많이 아파요?

김기창 네가 누군데? 난 널 모른다.

정순범 하, 이 꼰대가 모른 척해? 사람 죽이라고 시켜놓고는 살아남을 것 같은가?

김한돌 기창아, 고집 그만 부려. 나도 잠이 와서 더 못 견디겠다. 시원하게 불어버리고 잠이나 자자!

김기창 난 아니야! 난 그런 일 한 적 없어. 너희들이 죽였으면 너희나 죽어!

김한돌 기창아, 나는 생에 애착이 없는 사람이다. 철수와 그 가족한테 미안할 뿐이야. 난 죄를 뉘우치고 짧은 시간이지만 사람답게 살려고 한다. 사형은 각오하고 있다.

정순범 예수를 믿으라! 난 교도소에 들어온 다음부터 기독교를 믿기 시작했어! 다 자백하고 예수를 믿어. (큰 소리로 기도하기 시작한다) 하늘에 계신지 의심이 되는 아버지시여, 네 이름을 듣기만 해도 거북하며, 네 나라가.

형사, 순범의 입을 틀어막으며 끌고 나간다. 환자석으로.

김기창 한돌아, 도대체 우리가 뭘 하는 거니? 우리가 철수를 왜 죽여야 해? 무엇 때문에 넌 그런 거짓말을 하는 거냐? 우리가 철수를 죽일 이유가 뭐지? 왜?

김한돌 그건 검사님이 말해 줄 거다. 우린 시키는 대로만 했잖니.

김기창 누가 시켜? 누가?

형사, 동욱을 끌고 들어온다.

김한돌 저 사람이다. 우릴 조종한 주범이.

김기창 난 누군지 모르겠어.

김한돌 자세히 봐! 본 적이 있지?

기창 고개 젓는다.

이동욱 (한돌, 기창을 보며) 나는 이 사람들이 누군지 전혀 모릅니다. 생전 처음 보는 사람들이에요.

환자1 너희들이 서로 모른 체한다고 혐의가 벗어지는 건 아니야.

김한돌 　바로 이 사람이 우리에게 철수를 죽이라고 시켰습니다. 그래서 몸값을 받아 내라구요.

이동욱 　야, 이놈아. 네가 누군지 모르지만 철수는 내 조카다. 내가 돈에 환장했다고 조카를 유괴해서 죽이겠냐?

환자2 　철수 아버지, 그러니까 자네 매부의 배에서 일한 적 있지?

이동욱 　예 있소. 그게 어쨌단 말입니까?

환자2 　그 배로 대마도 근해에 나간 적 있지?

이동욱 　예?

환자2 　대마도 근해에서 일본 어선과 접선한 사실이 있잖아?

이동욱 　그건 모르는 일입니다.

환자1 　왜 그래? 그 배가 밀수선인 걸 다 아는데. 자넨 밀수특공대고.

이동욱 　예? 밀수특공대?

환자2 　자네와 매부가 밀수품 배당금 분배 때문에 다툰 적 있지 않아? 그래서 매부 배에서 내렸지?

이동욱 　여보시오, 난 배 타는 게 싫어서 그 생활 그만둔 거지 밀수라니 당치도 않습니다.

환자2 　우린 자네와 철수 아버지가 경찰에서 밀수관계로 조사받은 사실이 있는 걸 알고 있어.

이동욱 　그건…… 배를 사는 문제 때문에 파는 사람과 분쟁이 생겨서…….

환자1 　시끄러! 강력 사건의 배후에는 친척이 개재된다는 게 범죄의 정석이야. 수사관은 먼저 신고자와 피해자 주변의 친척부터 수사하게 돼 있어. 그 동안 안심하고 다녔겠지? 우린 그 사이에 자네와 철수 아버지 주변을 모조리 뒤져봤어. 자네가 돈 때문에 매부에게 원한을 갖고 있는 것도 캐냈어. 그 원한 때문에 조카를 유괴 살해해 이 자들을 이용해 몸값을 요구하려 한 사실을 다 알고 있어.

이동욱   밀수라니? 매부가 갖고 있는 배는 연안 여객선이지 밀수를 한 적이 없습니다. 도대체 이게 어떻게 돼서 이런 일이 있을 수 있습니까?

환자1   범행 동기, 범죄 사실 모든 범죄 구성 요건이 갖추어져 있으니 구속하도록.

환자2   네 알았습니다.

김기창   난 아닙니다. 난 아니에요. 난 살인자가 아닙니다. 날 보내줘요. 어머니! 날 살려줘요…… 으흐……. (울음소리가 발작으로 변해서 몸부림치기 시작한다)

무대 전체 밝아진다. 여자간호사 달려와 주사를 놓는다. 남자간호사, 한돌 형사들을 환자석에 앉힌다. 그 사이 작가 재판복 입고 재판장석으로, 서 박사 변호인석으로, 환자1 검사석으로 간다. 점차 진정되어 가는 김기창. 재판정에 라이트 켜지면 간호사가 김기창을 피고인석에다 앉힌다.

환자1   피고인은 범행 일체를 자백했습니다.

작가   피고인의 자백은 임의로 된 것인가요?

환자1   물론입니다.

작가   피고인, 범행을 자백했습니까?

김기창 네…… 했습니다.

작가 그럼 범행 사실을 인정합니까?

김기창 아닙니다. 전 사람을 죽이지 않았습니다.

작가 그런데 왜 자백했지요?

김기창 재판장님, 한번 나처럼 체포당하셔서 며칠 밤 몇 날 밤을 똑같은 말로 위협당하고 조사를 받아보세요. 정신이 반쯤 나가 버립니다요. 그러면 내가 하지 않은 것도 한 것처럼 느껴져요. 내가 정말 철수를 죽였는지도 모른다는 생각이 들 정도예요.

작가 심문받는 동안 조사관으로부터 신체적 위해나 고문을 당한 적이 있습니까?

김기창 없습니다.

환자1 우린 절대 고문은 하지 않습니다.

김기창 고문당한 적은 없어요…… 그저 밤새 조사받고 새벽에 감방에 들어가 잠을 자려고 하면 교도소 동기들이 마구 발길질을 해대서 잠을 못 자게 했습니다.

작가 그건 왜요?

김기창 나를 재우면 저희들이 단체기합을 받는대요.

사이, 수군대는 소리.

간호사 조용히 하시오.

환자1 피고인은 억지 주장을 하고 있습니다. 검찰은 취조 과정에서 강압적인 수단을 사용한 사실이 없습니다. 자백서에 피고인의 손도장이 찍힌 사실이 이를 말해주는 겁니다.

김기창 잠을 못 자서 꾸벅거리고 졸고 있는데 손가락을 끌어다 가…… 찍긴 찍었어요. 어떤 종이에다.

작가 피고인은 자백 내용을 부인합니까?

김기창 네, 전 아무도 죽이지 않았습니다. 난 살인자가 아닙니다.

환자1 증인 신청합니다. 시체가 든 마분지 상자를 바닷가까지 실어 다 준 택시 운전수가 있습니다. 안성호 씨, 그리고 현장을 목 격한 이진홍, 유인옥 두 사람도 함께 증인으로 신청합니다.

작가 증인 신청 받아들입니다. 먼저 신청한 순서대로 증인 안성호 씨 입장시키시오.

모자를 쓰고 나오는 운전수.

작가 거기 앉으세요.

어리벙벙히 서 있는 운전수를 자리에 앉히는 간호사, 모자를 벗 어 손에 들게 한다. 손으로 모자를 연방 주물럭대고 돌리며 불 안하게 앉아 있는 운전수.

작가 검사, 증인심문 하세요.

환자1 증인은 지난 10월 17일 밤 9시 반쯤 마분지 상자를 든 청년을 시청 뒤 바닷가까지 태워다 준 적이 있지요?

운전수 예.

환자1 그 청년이 이 방에 있습니까?

운전수   예. (김기창을 보며) 저 사람입니다.

환자1   틀림없죠?

운전수   네, 틀림없습니다.

서 박사   반대심문 하겠습니다.

작가   변호인, 반대심문 하세요.

서 박사   (일어나며) 증인은 전에 피고인을 본 적이 있습니까?

운전수   없습니다. 오늘 여기서 처음…… 아니 경찰서 취조실에서 보구 오늘 두 번째 봅니다.

서 박사   마분지 상자를 실었다는데 어디다 실었어요? 택시 트렁크인가요 아니면?

운전수   뒷좌석에 실었습니다. 옆으로요.

서 박사   그럼 손님은 앞에 탔군요.

운전수   예 그랬습죠.

서 박사   손님하곤 얘기를 나누었나요? 가는 동안?

운전수   아니오. 별로.

서 박사   그럼 언제 손님 얼굴을 봐뒀습니까?

운전수   내리고 탈 때 봤어요.

서 박사   하루에 손님 몇 사람이나 태우지요?

운전수   대중없습니다. 50명, 100명.

서 박사   태우고 내릴 때마다 쳐다본 손님 얼굴을 한 달 후에 보고 기억해냅니까? 더구나 밤 9시 반이면 어두운 밤인데, 피고인을 잘 보세요! 증인은 그때 상자를 들고 탄 손님 옆얼굴만 봤을 거 아닙니까? 저 사람 틀림없어요? 똑똑히 봐요! 증인 말 한마디에 사람 목숨이 달려 있는 겁니다.

운전수 (떨면서) 저도 모…… 모르겠습니다. 한 달 내내 경찰에 끌려 다니면서 전과자 사진만 수백 장 들여다봤더니 그놈이 그놈 같고 그 얼굴이 그 얼굴이고, 다 똑같아요. 다…… 똑같은 얼굴이에요. (울먹이며) 제가 무슨 죄가 있습니까? 전 밥벌이도 못하고 사진만 보라고 끌려 다니는 바람에 회사에서 해고됐습니다. 먹고 살 길이 막막해요. (모자를 얼굴에 대고 흐느끼는 몸짓)

작가 수고했습니다. 내려가세요. (운전수 나가서 환자 자리로 들어간다) 이진홍, 유인옥, 입정시키시오.

환자 중 젊은 남, 여 환자 나온다. 증인석에 나란히 앉는다.

환자1 이진홍 증인에게 묻겠습니다. 지난 10월 17일 밤 8시 반쯤, 보수동 대신우체국 뒷골목에서 피고인을 목격한 사실이 있지요?

이진홍 예, 있습니다.

환자1 유인옥 증인도 함께 있었지요?

유인옥 네, 같이 있었어요.

환자1 저 피고인이 무얼 하고 있던가요?

유인옥 학교 쪽으로 난 담벼락 길을 기웃거리고 있었어요. 누굴 기다리는 것처럼.

환자1 그때 피고인이 입고 있던 옷 기억하십니까?

유인옥 네, 밤색 잠바하고 체크무늬 바지, 그리고 운동화를 신었어요.

환자1 (잠바와 바지 운동화 들어 보인다) 이것인가요?

유인옥 네, 맞아요.

환자1 증인심문 마칩니다. 범행 현장에서 피고인이 입고 있던 옷입니다. 증거로 제출합니다. (작가 앞에 내놓는다)

서 박사 반대 심문하겠습니다. (일어난다) 두 사람은 서로 어떤 사입니까?

이진홍 약혼잡니다.

서 박사 정식으로 약혼식을 한 사인가요? 아니면…….

환자1 이의 있습니다. 변호인은 증인의 사생활에 관해 묻고 있습니다.

서 박사 취소합니다. 유인옥 증인에게 묻겠습니다. 댁이 그 근천가요?

유인옥 아니에요.

서 박사 그럼 이진홍 씨 댁이 보수동에 있습니까?

이진홍 아닙니다.

서 박사 그럼 그 시간에 그 장소에는 왜 갔었지요?

이진홍과 유인옥 서로 본다.

환자1 이의 있습니다.

작가 질문에 대답하세요.

이진홍 데이트 중이었습니다.

서 박사 그 골목엔 여관이 많은데, 혹시…….

환자1 이의 있습니다. 변호인은 유도심문을 하고 있습니다.

작가 　관계된 질문만 하세요.

서 박사 　좋습니다. 10월 17일 밤 8시 30분이라고 했는데 그 시간은 어떻게 기억하지요?

이진홍 　어두워져서요.

유인옥 　(거의 동시에) 나오면서 시계 봤어요. 8시 30분이었어요.

서 박사 　나오다니 어디서 나왔어요? 여관입니까?

유인옥 　네. (유인옥 당황한다)

이진홍 　(화난 듯) 그렇습니다. (유에게) 말하면 어때? 어차피 우린 결혼할 건데 뭐.

서 박사 　여관에서 나오는 사람이 길가에 서 있는 사람을 자세히 봤다는 게 이상하지 않습니까?

이진홍 　우린 죄지은 사람 아닙니다. 쳐다볼 수도 있는 거지요.

서 박사 　그러니까 두 사람 다 피고인을 봤군요?

유인옥 　네, 혹시 아는 사람 아닌가 싶어서…….

서 박사 　그럼 아는 사람 아닌가 싶어 봤다면 그 사람 얼굴을 봤겠죠?

유인옥 　네, 그래요.

서 박사 　그런데 옷차림을 그렇게 자세히 기억합니까? 발에 운동화 신은 것까지요?

유인옥 　그건…….

서 박사 　10월 중순이면 해지는 시간이 6시 이전이에요. 일몰시간 후인 8시 반이면 어두웠을 텐데 옷색깔까지 구별할 수 있었어요? 밤색 잠바라고 했는데 저녁 어두운 시간에 밤색을 구별할 수 있습니까? (유인옥 대답 없다) 대답해 보세요.

환자1 　이의 있습니다. 변호인은 증인의 답변을 강요하고 있습니다.

서 박사 중요한 답변입니다. 피고인이 살인 현장에 있었는지 없었는지 하는 사실은 이 사건의 핵심입니다.

작가 대답하세요.

서 박사 유인옥 증인에게 다시 묻겠습니다. 밤 8시 반 증인은 밤색 옷과 다른 색의 옷을 구별할 수 있습니까? 그리고 운동화를 신었는지 구두를 신었는지도 알 수 있었어요? 신중히 대답해 주세요.

유인옥 옷차림은 잘 생각 안 나지만 사람이 서성거리고 있는 건 봤어요.

서 박사 그러니까 그때 그 골목에 서 있는 사람 옷차림이 어땠는지 확실히 어땠는지 확실히 본 게 아니죠? 검사님이 이런 옷을 입지 않았느냐고 물어서 그때 생각해 낸 것 아닌가요?

유인옥 네, 그래요.

서 박사 마칩니다.

작가 내려가세요.

이진홍 (나가며) 제발 검사님 그만 불러주세요. 저흰 그 시간에 여관에서 나온 죄밖에 없어요! 검사님 하라는 대로 다 했으니까 제발 더 이상 괴롭히지 말아주세요.

간호사 (난폭하게 밀어버리며) 나가시오! 쓸데없는 소리 하지 말구!

작가 이동욱 피고인을 입정시키시오.

이진홍, 유인옥 나가서 환자 자리에 앉는다. 간호사, 이동욱을 데리고 들어온다.

이동욱 재판장님, 전 이 사람과 만난 적도 없습니다. 전 제 조카를 죽이지 않았습니다. 전 안 죽였어요.

환자1 피고인은 범행 일체를 자백하고 이 자리에 와서 부인하는 이유는 무엇이지?

이동욱 난 범행이 뭔지도 모를 뿐더러 범행을 자백한 적도 없습니다.

작가 피고인 이동욱이 자백한 기록조서와 피고인의 무인이 찍힌 서류가 이것이 아닌가요?

간호사 서류를 이동욱에게 보인다.

이동욱 전 그 서류를 읽어본 적이 없습니다.

환자1 재판장, 피고인 이동욱에 대한 자백은 과학적인 방법으로 얻어낸 것입니다.

작가 과학적 방법이라니 거짓말탐지기를 지칭하는 것입니까?

환자1 아닙니다. 그것보다 더 과학적이고 심리적인 방법을 썼습니다.

무대 전체가 어두워지며 한쪽에 조명 떨어진다. 천정에서 방송용 마이크가 천천히 내려오며 여자간호사 대본을 들고 마이크 앞에 나선다. 소년의 사진과 향을 피운 제단이 환자들에 의해 준비되고 있다. 이동욱, 남자간호사에 의해 끌려온다.

이동욱 (소년의 사진을 본다) 철수야! (목이 멘다)

이 소리를 신호로 여자간호사, 마이크에 대고 남자아이 목소리로 대사.

성우   아저씨, 아저씬 내가 미워? 아저씨 우리 여름에 초량으로 송도해수욕장으로 놀러 다닌 생각 안 나요?

이동욱   철수야!

성우   나 또 놀러가고 싶어. 아저씨! 왜 날 죽였어요? 난 아저씨를 이렇게 좋아하는데 아저씨!

이동욱   (통곡하며 주저앉는다) 철수야, 나 좀 살려다오!

환자1   보십시오. 울면서 자백했습니다.

작가   됐어요. 피고인 내려가세요.

불이 꺼지면 제단 앞에서 땅을 치며 울고 있는 동욱을 끌어 일으키는 남자간호사, 여자간호사는 제단을 치운다.

환자1   재판장, 증거조사를 위해 현장검증을 신청합니다.

작가   검사측이 현장검증을 신청했습니다. 검사의 신청에 대해 변호인의 의견은 없습니까?

서 박사   이의 없습니다.

작가   그럼 쌍방이 합의한 대로 현장검증을 실시하기로 결정합니다.

4장

현장검증이다. 의자들 모두 치우고 환자들 주변에 구경꾼처럼
서 있는 가운데로 순법, 한돌, 기창, 동욱, 한 줄에 묶인 채 간호
사의 인솔로 나온다. 검사, 작가, 서 박사 뒤따른다.

여자환자 (구경꾼 틈에서) 짐승 같은 놈들.

환자들 짐승 같은 놈들!

여자환자 저놈들 코를 꿰서 끌고 다녀야 돼!

환자들 코를 꿰라!

여자환자 찢어 죽여도 시원치 못할 놈들!

환자들 찢어 죽여라!

여자환자 너흰 자식도 없고 애비 에미도 없니?

환자들 애비 에미도 없는 놈들!

여자환자 퉤! (침 뱉는 시늉)

환자들 퉤!

남자간호사 (몸뚱이로 환자들 밀며) 비켜요, 비켜! (밀리는 환자들. 피고
　　인들은 얼이 빠져 있다)

환자1   (나서며) 범행 모의한 장소가 여기지?

정순범   네. (신나게) 이 대폿집에서 모여가지고 살해 모의를 했습니다.

환자1   (한돌에게) 사실인가?

김한돌   네 틀림없습니다. 내가 여기 앉고 기창이가 여기, 저 사람이 이쪽에 앉아서 모의했습니다.

이동욱   난 이런 데 와본 적도 없어!

정순범   이 새끼야, 나를 꼬여가지고 살인까지 시키고 이제 와서 발뺌하려는 거야? 비겁하게? 사나이답게 굴어라!

이동욱   이 자식이! (순범을 때리려고 한다)

정순범   왜 이래?

이동욱   여보시오, 당신 말대로 내가 밀수특공대구 살인 청부를 했다면 하필 이런 대폿집에서 그런 모의를 하겠습니까? 상식적으로 생각해 봐요!

환자1   범행 현장으로 갑시다. (일행을 몰고 다른 쪽으로 간다)

정순범   여기서 나는 철수가 과외공부 끝내고 집에 가는 걸 기다렸습니다.

환자1   다른 공범은 어디 있었지?

김한돌   돼지족발집에서 기창이하고 나하고 기다렸습니다. 시체를 담을 상자는 족발집 밖 쓰레기통 옆에 세워두었어요.

환자1   범행에 쓰인 칼은 어디서 났어?

정순범   한돌이 형님이 갖다 주었습니다.

환자1   그대로 해봐 순서대로. (여자간호사 나무칼을 한돌에게 준다)

김한돌   기창이와 술을 마시다가 철수가 올 시간쯤 돼서 난 칼을 가져다 줬어요.

칼을 가져다주는 한돌. 사방을 두리번거리며 멋지게 연기하면서 칼을 받아 넣는 순범.

김한돌 기창이가 그러는데 피를 안 흘리려면 칼을 찌른 뒤 뽑지 말고 그냥 두래.

정순범 그럼 피가 안 흐른대?

김한돌 기창이 군에서 특수부대 있을 때 훈련받으면서 배운 거래.

정순범 자식 경험 많군!

김한돌 기창이가 망을 보고 있다가 네가 해치우면 상자를 들고 올 거야.

정순범 문제없어.

김한돌 잘해 봐! 성공만 하면 한몫 단단히 생긴다.

한돌 사라진다. 순범 인상 쓰며 저쪽을 보며 기다리는 자세다. 검사의 신호에 여자간호사, 환자4의 등을 떠밀어 순범 쪽으로 보낸다. 순범 왼손으로 칼을 꺼내며 뒤에서 잡아당겨 오른팔로 환자의 입을 틀어막으며 왼손에 쥔 칼로 가슴을 찌른다.

환자4 살살해요. 그러다 사람 죽이겠어!

상자를 가져와 기창에게 안기는 한돌.

김한돌   기창아, 네 차례야!

김기창   난 여기 와본 적도 없다.

김한돌   왜 이래? 어서 나가.

　　　　기창을 민다. 상자를 팽개치는 기창.

김기창   난 이런 짓 한 적 없어.

정순범   빨리빨리. (굴러 떨어진 상자를 열어 환자4 담는다)

환자4   그만해. 숨 막혀 죽겠다.

　　　　순범 상자를 든다.

환자1   그 다음엔 어떻게 했지?

정순범   큰길 쪽으로 나가니까 택시가 있었습니다. 택시!

환자1   이상으로 현장검증 마칩니다.

환자3   (튀어나와 한돌에게) 사회에 대해 하고 싶은 말이 있습니까?
　　　　(작대기 마이크 댄다)

김한돌   에헴. (마이크에 대고) 이런 물의를 빚은 점에 대해 심심한 사
　　　　의를 표하는 바입니다. 모든 사실을 만천하에 털어놓고 보니
　　　　이젠 웃으면서 잘 수 있을 것 같습니다. 따라서 본인은 대한
　　　　민국에 계신 국민 여러분, 대통령 각하께 만세!

환자1   (한돌을 밀어버린다) 그만!

환자3   (순범에게 마이크 대며) 지금 심정이 어때?

정순범   내가 탤런트 된 것 같애요. 내 사진 신문에 날 거지요? 사진

안 찍어요? (칼 들고 포즈. 사진 쩍는 시늉의 환자들)

환자3 (기창에게) 소감 한마디 하시죠?

김기창 (마이크) 개새끼! 너희들을 다 죽이고 싶다!

환자3 (동욱에게 간다) 아직도 범행을 부인하십니까?

이동욱 으– (마이크를 잡아당겨 반으로 분질러 버린다)

간호사 (기자를 밀어 버리며) 자 그만! 비켜요!

작가 여기서 끝냅시다.

간호사 피고인을 세워 끌고 나간다.

여자환자 뻔뻔스런 놈들!

환자들 살인마! 살인마!

간호사 달려들며 소리치는 환자들을 밀어제친다. 그 사이로 피고인들 끌려 퇴장한다.

환자3 (부러진 작대기 든 채) 살해 장면을 낯색 하나 변하지 않고 재현한 피의자들에 대해 흥분한 군중들은 갖가지 욕설을 퍼부으며 저주했습니다. 여기는 흥분과 저주와 분노의 함성으로 얼룩진 철수 군 유괴 살해사건 검증현장입니다.

간호사 그만 나가! (기자를 밀어서 퇴장시킨다)

5장

작가 나는 잠 못 이루는 밤이면 나의 죽음에 대해 생각합니다. 인
간이 동물과 다른 점이 있다면 인간만이 자기 존재에 가치판
단을 내릴 수 있고 경우에 따라서는 자기 존재를 단절시킬 수
있는 주체자가 된다는 것이지요. 나는 내가 살아 있는 동안에
가치를 부여하기 위해 땀 흘리며 생존하고 있습니다. 내게 던
져진 절망과 좌절을 견뎌내기 위해 수없이 인내하고 울고 때
로는 허탈감에 웃어버리기도 합니다. 그래도 좀더 나은 사회,
좀더 올바른 인간생활을 위해 창조에 열을 올립니다. 그런데
인간은 창조할 수 없을 때 파괴해 버리는 충동이 강합니다.
실제 인류의 역사에도 또 우리 시대에 그처럼 수없이 목격하
고 있는 파괴하려는 의지는 창조의 힘과 마찬가지로 인간 본
성에 뿌리박고 있습니다. 오늘 이 연극의 주인공 김기창이란
인간, 우리 주변에 흔한 소시민, 어쩌면 나 자신일 수도 있는
한 인간의 몸부림과 그를 무참히 짓밟아 버리는 제도, 법, 폭
력! 이 파괴의 힘은 개인으로서는 극복할 수 없는 현대문명의
속성이라고 할 수 있을 것입니다. 그러나 이 거대한 힘에 저

항하여 개인의 자유를 위해 싸우는 노력은 부단히 계속되고 있습니다. 그 결과 항상 비참한 패배를 가져온다 할지라도 그것은 아름다운 패배입니다. 나는 어쩌면 패배하기 위해 글을 씁니다. 나는 절망하기 위해 창조합니다. 나는 울기 위해 수없이 공허한 웃음을 웃어댑니다. 때로는 여러분과 같이…… 김기창과 같이…….

병동의 한 곳. 김기창 손바닥을 주먹으로 치면서 혼자 빙빙 돌고 있다. 작가 들어온다.

작가 어때요? 할 만합니까?

김기창 어린 아이처럼 끄덕인다.

작가 너무 긴장하지 마세요. 마음을 푹 놓으시고 하고 싶은 얘기를 하세요. 눈치 볼 것 없습니다. 여긴 교도소가 아니에요.

김기창 교도소처럼 철창이 있는 걸요?

작가 철창은 기창 씨 마음속에 있어요. 그게 더 무서운 겁니다. 밖에 있는 사람들 자유스러운 것 같지만 다 제 나름의 철창 속에 갇혀 있는 겁니다.

김기창 나한테 여기가 제일 편해요. 이 철창 속에 갇혀 있는 게 나한테는 제일 좋아요. 공연히 연극을 한답시구 이것저것 되지도 않는 말이나 시키지 말고 가세요. 난 나대로 갈 데가 있어요. 그러니까 자꾸 나한테 말 걸지 마세요.

작가   기창 씨 그래 말하지 맙시다. 그래요, 말 필요없어요. 기창 씨 눈 속에 기창 씨가 하고 싶은 말 다 나타나 있어요. 판사, 교도관, 검사, 기자들 그리고 비웃던 동네 사람들한테 할 얘기 잔뜩 있는 것 다 보여요.

김기창   (진저리치며) 듣기 싫어요. 난 당신같이 말 잘하는 사람 싫단 말이오. 나대로 가고 싶은 데가 따로 있어. 당신 날 쫓아올 생각하지 마.

작가   기창 씨.

김기창   나는 근사한 데 갈 거야. 당신 같은 사람도 없고, 또 엉터리 친구도 없고, 비겁한 이웃도 없는 곳이야. (소리를 높여) 여자도 사랑도 없는 데야. 껄렁한 여자 따위 얼씬도 못해. 그냥 널찍한 데야. 목사도 없어, 교도관도 없어, 산수 좋지, 양들이 있어, 기자도 없어, 난 피리를 불어, 소들만 있어. 난 그 위에 목동처럼 유유히 가는 거야.

작가   기창 씨, 내 생각도 그래요. 같이 갑시다. 그렇지만 거기 가기 전에 해결할 일이 있어요. 마음속에 숨겨놓은 것, 무거워서 안 돼요. 다 던져버리고 갑시다. 털어놓는 게 두렵다는 것 잘 알아요. 사랑이고 여자고 없는 곳 그곳이 기창 씨의 진정한 휴식처인 것 같아요. 하지만 왜 그런 생각 하게 됐어요? 지금 사랑이구 여자구 없는 곳에 가보고 싶다고 했죠? 그 얘기부터 합시다. 누굽니까? 그 사랑이. 누굽니까? 그 여자가.

김기창   아니에요, 아니에요. 나한테 누가 있겠어요. 괜히 혜숙이를 끌어들이려고 하지 마세요.

작가   누구요? 혜숙이요? 혜숙 씨가 누군가요?

김기창　아닙니다. 그 여잔 상관없는 여자예요.

작가　기창 씨 시치미 떼지 마세요. 나도 들어서 조금은 알고 있어요.

김기창　제발 그 여자 얘긴 하지 마세요.

작가　왜요. 왜 숨기려 하죠? 그 여자가 이 사건과 관계가 있나요?

김기창　없어요. 없단 말예요. 난 범인이 아닙니다. 난……

작가　그걸 어떻게 증명하지요? 그 여자가 증명해 줄 수 있어요? 그날 밤 그 여자와 같이 있었죠?

김기창　뭐라구요? 같이 있었다는 게 중요합니까? 같이 있었어도 이 사건과 관계없다는 것이 나한텐 더 중요해요.

작가　그렇다면 최소한 그 얘기를 해줄 수 있잖아요.

김기창　나한테 다시는 그 얘기 하지 마. 제발 그만해 두세요.

작가　왜 감추려 하지? 그 여잘 그렇게 감싸주고 싶은 겁니까? 이 세상 여자는 다 똑같애요. 당신이 생명까지 바치면서 감싸줄 만한 가치가 있는 여자는 없는 겁니다. 봐요, 어디! 기창 씨가 갇힌 후 한 번이나 찾아왔나? 여잔 그런 거예요! 지금쯤은 아마 돈 있는 어느 남자한테 안겨 있을지도 몰라요!

떨고 있던 기창 와락 작가에게 달려들며 목을 조른다.

작가　으흐…… 간호사!

남자간호사 달려 나와 기창이의 어깨를 손가락으로 잡아 누른다. 금세 기진해 쓰러지는 기창. 간호사는 쓰러진 기창을 두 팔로 덥석 안아든다.

남자간호사 조심하셔야죠! (작가 자기 목을 만진다)

작가 어떻게 된 겁니까?

남자간호사 기절했습니다. 제 손가락으로 간단히 기절시킬 수 있어요. 원장님이 이런 방법을 좋아하시지 않아서 그렇지…… 그렇지만 전 전기쇼크보단 좋은 방법이라고 생각합니다. (기창을 안고 퇴장한다)

작가 서 있는다. 서 박사 입장.

서 박사 왜 그러나? 무슨 일이 있었나?

작가 아뇨, 아무 일도 아닙니다. 그보다 김기창 씨에 대한 중대한 사실을 알아냈습니다.

서 박사 나도 지금 김기창 씨에 대해 얘길 하려구 자넬 찾았네. 지금 환자들은 너무 흥분들을 하고 있어! 난 이 상태가 어떤 결과를 낳을지 예측할 수가 없네!

작가 박사님, 지금이 고비입니다. 여기서 물러서선 안 됩니다. 김기창 씨는 말을 하고 있습니다. 자신의 말을! 이게 중요하지 않습니까?

서 박사 그 결과가 꼭 좋아진다고 볼 수 있겠나? 사람이란 각자가 자신이 소속된 필드가 있는 걸세. 그 장소에서의 반응이 충동을 일으켜 본인에게 되돌아가는 거야. 다른 환자들이 지금처럼 흥분하고 발산해 버리면 김기창 씬 그것에 대해 어떤 반응을 보일지 장담할 수 없는 걸세.

작가 박사님, 이 병동엔 김기창 씨 혼자만 있는 게 아니라고 하지 않으셨습니까? 다른 환자들 그 나름대로 이 연극 속에서 자기 훈련을 하고 있습니다.

서 박사 그 점은 내가 모르는 바 아니지만 정작 김기창 씨만 보더라도 이 연극의 진행 속에 더욱 스트레스가 쌓이는 것 같아.

작가 저도 그렇게 보고 있습니다. 그러나 이 연극의 마지막 장면에서 김기창을 결정적으로 치유할 수 있는 비장의 무기가 있습니다.

서 박사 비장의 무기라니? 그게 뭔가?

작가 첫째, 김기창의 애인 최혜숙입니다. 그 여자를 등장시키는 거예요. 박사님. 방금 김기창 씨로부터 알아낸 사실을 추리해보면 어떤 결론을 끌어낼 수 있을 것 같습니다. 둘째, 결정적 판결을 내릴 때 역할전환 기법을 쓰는 겁니다.

서 박사 역할전환 기법?

6장

재판정, 순범 증인석에 앉아 있다. 서 박사 서서 심문 중이다.

서 박사 증인은 야구해 본 적 있습니까?

정순범 (웃으며) 헤…… 왕년에 야구 안 해본 남자가 어디 있습니까? 홈런도 친 적 있습니다. 한 대 딱 쳤더니 학교 담을 공이 넘어 갔지요. 그래서…….

서 박사 묻는 말에만 대답해요. (고무공 하나 꺼낸다) 이 공 한번 던져 보겠어요?

환자1 이의 있습니다. 변호인은 지금 증인을 우롱하고 있습니다.

작가 변호인은 사건에 관계되는 질문만 해주십시오.

서 박사 이건 사건에 관계되는 실험입니다. 증인으로 하여금 공을 던져보게 해주십시오.

작가 좋습니다. 한 번뿐입니다.

서 박사 (공을 주며) 자, 이 공을 한번 힘껏 던져봐요.

정순범 (공을 받고 서며) 하…… 재미있다. (왼손으로 공을 객석을 향해 던진다)

서 박사 됐습니다. 보다시피 증인은 왼손잡이군요.

정순범 예, 그게 뭐 유감입니까?

서 박사 재판장, 증인은 현장검증시에 어린애의 입을 오른손으로 막고 왼손으로 칼을 잡아 찔렀습니다. (사진 꺼내며) 여기 현장검증 때에 찍은 사진이 있습니다. 이 연기대로라면 칼자국은 왼쪽 가슴에서 오른쪽으로 나게 마련입니다. 그런데 철수 군의 시체부검 결과는 칼이 오른쪽 가슴으로 들어가 왼쪽 아래 방향으로 꽂혀서 그 칼끝이 왼쪽 심장벽을 뚫었습니다. 결국 범인은 오른손잡이라는 사실입니다.

정순범 내가 죽였다는데 왜 그렇게 말이 많어? 난 오른손도 잘 씁니다. 오른손으로 공 한번 던져보게 해주십시오.

서 박사 증인심문 마칩니다.

작가 증인 내려가세요.

정순범 공 한번 더 줘봐요. 오른손으로 던질 테니까…….

　　　　간호사, 순범을 끌어다 다른 자리에 앉힌다. 위협적으로.

서 박사 (옷가지를 들며) 이 옷은 피고인이 범행할 때 입었다는 옷인데 혈액검증 결과 핏자국이 하나도 없었습니다. 결국 이 사건은 두 사람이 검사측의 추리에 억지로 뜯어 맞추어 연기한 것이라고밖엔 설명할 수가 없습니다.

환자1 이의 있습니다. 변호인은 억지해석을 하고 있습니다. 범행 당사자인 본인들이 사형될 것을 각오하고 자신의 범행을 자백했습니다. 죽음을 각오한 자백 이상 확실한 증거가 어디 있습니까? 변호인은 과학적인 증거 운운하지만 까놓고 얘기해서 과학 수사가 어디 있습니까? 육감과 심증, 범인들의 자백! 나는 이것만이 확실한 증거라고 믿습니다.

정순범 옳소! (박수친다)

김한돌 그렇습니다. 우린 범인입니다.

정순범 범인입니다.

김한돌 우린 살인을 떡 먹듯이 합니다.

정순범 누워서 떡 먹기!

김한돌 어른이고 아이고 가리지 않습니다.

정순범 칼이고 총이고 닥치는 대로 써!

김기창 난 아니야! 난!

간호사들 조용히 해, 조용히!

모두 조용해진다.

서 박사 재판장! 마침 법정에 나와 있는 증인을 신청합니다!

작가 누굽니까?

서 박사 피고인 김기창의 애인 최혜숙 씹니다.

순간 조용해진다.

김기창 (벌떡 일어나며) 안 돼요! 안 됩니다! 그 여잔 상관없어요.

작가 증인신청 받아들입니다. 증인 나오세요.

증인석으로 나오는 여자간호사. 기창 안심한 듯 주저앉는다. 환
자들은 휘파람을 불고 좋아한다.

작가   조용히 해요!

남자간호사 환자들을 제지한다.

서 박사   증인은 피고인 김기창과 어떤 관곈가요?
여자간호사   전에 결혼을 약속했던 사이에요.

환자들의 야유. 박수소리. 남자간호사 제지한다.

서 박사   피고인을 언제부터 알았습니까?
여자간호사   중학교 때부터요.
서 박사   증인이 아는 피고인은 어떤 학생이었나요?
여자간호사   부끄러움을 잘 타는 순덕이었어요. 말수도 적고, 공부도
        열심히 했어요. 저하곤 앞뒷집에 살았기 때문에 잘 알아요.
서 박사   중학교 때부터 쭉 친하게 지냈군요?
여자간호사   고등학교 때 저 사람 집안이 가난하게 돼서 학교를 중도
        에 그만두고 군대에 자원입대 했어요. 3년 동안은 서로 소식
        이 없었습니다. 저도 이사를 갔었구요.
서 박사   언제 다시 만나게 됐지요?
여자간호사   제가 범천동에 편물자수 가게를 냈는데 그 동네서 버스
        배차원으로 일하는 저 분을 다시 만나게 됐어요.

서 박사 그래서 연애하게 됐군요?

여자간호사 어릴 적 친구로서…….

서 박사 결혼 약속까지 했다면? 단순한 친구는 아니지요?

여자간호사 서로 마음으로 약속했었어요.

서 박사 피고인이 살해사건으로 체포된 걸 언제 알았지요?

여자간호사 신문에서 봤어요.

서 박사 증인은 피고인이 혹시 범인일지 모른다는 생각을 해본 적 있
     어요?

     잠시 침묵. 김기창, 여자간호사를 본다.

여자간호사 (사이 두고) 아니요! 기창 씨는 살인자가 아니에요. 제가
     알아요! 절대로 아니에요!

서 박사 증인은 피고인이 절대로 범인이 아니라고 했는데 그걸 증명
     할 수 있어요?

여자간호사 10월 17일 밤 8시부터 10시까지 전 저 분과 같이 있었어
     요!

     검사 일어난다. 다시 앉는다.

서 박사 어디에 있었습니까?

여자간호사 해운대 백사장에서 걷고 있었어요.

서 박사 그 날이 10월 17일이란 걸 어떻게 알아요?

여자간호사 그 전날이 제 생일이었으니까요.

서 박사 집에 돌아온 시간은 몇 시던가요?

여자간호사 11시가 넘었어요.

서 박사 심문 마칩니다.

환자1 반대심문 하겠습니다. 10월 17일 해운대 바닷가를 산책했다고 했는데 누가 두 분을 본 사람 있습니까?

여자간호사 모르겠어요.

환자1 그렇다면 두 분이 해운대 바닷가에 있었는지 보수동 어느 골목에 있었는지 어떻게 증명하지요?

여자간호사 제가 거기 있었으니까요.

환자1 피고인 김기창과 중학교부터 친했다고 했는데 어느 정도 친했나요?

여자간호사 어느 정도라뇨?

환자1 육체적인 관계는 없었나요?

여자간호사 그 따위 질문이 어디 있어요?

환자1 대답하세요. 남녀가 서로 친했다면 반드시······.

여자간호사 (작가를 보며) 이런 질문에도 대답해야 합니까?

작가 죄송합니다. 대답해 주세요.

여자간호사 (참으며) 없어요.

환자1 키스도 안 했습니까?

여자간호사 뭐라구요?

서 박사 이의 있습니다.

작가 사건에 관계된 질문만 하세요.

환자1 사건에 관계된 질문입니다. 증인이 피고인과 어느 정도의 관계인가에 따라 피고인을 위해 거짓말을 할 수 있는가 없는가가 결정됩니다.

작가　증인 대답하세요.

여자간호사　이건 너무하잖아요?

작가　죄송합니다. 협조해 주세요.

여자간호사　안 했어요.

환자1　두 시간이나 바닷가를 거닐었다는데 손도 안 잡았어요? (대답 없다) 그럼 전혀 육체적 접촉도 없이 서로 얼굴만 보고 있었나요? 그건 이상한데요.

　　　　환자들 키들거린다. 제지하는 간호사.

여자간호사　엉큼한 남자들이나 그 따위 생각할 거예요! 자나 깨나 그런 더러운 생각만 하는 사람들이…….

환자1　증인은 거짓말을 하고 있어요! 피고인을 살리기 위해서 위증을 하고 있는 겁니다. 두 시간 동안 어두운 해변 모래사장에 있으면서 전혀 손도 안 잡았다면 현장에 있었다는 증언 자체가 거짓말입니다. 심문 마칩니다.

작가　증인에게 묻겠습니다. 증인은 피고인과 해운대 바닷가에 두 시간 동안 있었다는데 왜 거기서 만났지요?

여자간호사　제가 만나자고 했어요.

작가　왜요?

여자간호사　전…… 다른 남자한테 시집을 가겠다고 했어요. 그래서 헤어지자고…….

작가　그러니까 마지막 이별하기 위해 만난 것인가요?

여자간호사 네 어쩔 수 없었어요. 제가 부모님과 동생들을 돌봐야 하는데 저 분과 결혼해서는 친정을 살릴 방법이 없었어요.

김기창 제발 그만해 둬!

작가 그래서 결혼을 했어요?

여자간호사 네. 헤어지고 두 주일 후에…… 얼마 있다가 기창 씨가 살인했다는 기사를 봤어요.

작가 왜 법정이나 경찰에 나와서 사실을 밝히지 않았지요?

여자간호사 난 이미…… 결혼한 몸이에요. 도저히 그날 밤 얘기를 남편한테 할 수 없었어요.

김기창 제발 그만해 둬!

작가 피고인 김기창, 왜 알리바이를 법정에 제출해서 무죄를 주장하지 않았지요?

김기창 나는…… 혜숙이를 사랑했어…… 혜숙인 시집을 갔단 말이야!…… 너희들이 뭘 알어? 다 필요없어! 난 더 할 얘기가 없어!

작가 오늘은 이만 마칩니다.

7장

재판 계속된다. 환자1 일어나 논고중이다.

환자1 이번 사건은 사상 최고의 지능적인 범죄입니다. 첫째, 완전범
죄를 꾀한 치밀한 계획성, 이들은 철수 군 유괴를 위해 점조
직으로 범죄집단을 구성했으며 사전에 범행 예행연습을 마치
고 금품을 요구할 계획 등에 이르기까지 치밀했습니다. 둘째,
범행의 잔인성을 들 수 있습니다. 칼을 철수 군의 가슴에 꽂
아둔 채 뽑지를 않아 피를 한 방울도 흘리지 않게 한 점에는
일반 사람으로는 생각할 수도 없는 점입니다. 셋째, 살해 장
소를 철수 군 집 근처로 선택한 대담성. 넷째, 시체 유기 장소
를 해안으로 선택해서 조류의 시간까지 계산해서 시체를 영
도다리 밑 하수구에 버리면 밤 12시쯤 5노트 속도의 해류가
시체를 휘감아 대마도에까지를 흘려보낼 것으로 예상한 완전
범죄를 꾀한 것. 다섯째, 인간성을 팔아가며 돈에 눈이 뒤집
힌 외삼촌의 비인도적 소행 등이 이번 사건의 특수성이라 할
수 있습니다. 다행히 이들의 천인공노할 범죄에 하늘이 편들

지 않았기에 시체는 유기되기 직전에 발견되었으며 철수 군의 책가방, 유류품이 남아서 오늘 그의 원혼을 달랠 수 있는 법의 심판이 내리게 된 것입니다.

환자들 옳소! (박수친다)

간호사 떠들지 못하게 제지한다.

환자1 따라서 본인은 김기창, 이동욱, 정순범, 김한돌에게 사형을 구형하는 바입니다.

기자는 열심히 피고인들과 검사에게 카메라 들이대며 사진을 찍는다. 남자간호사 기자를 밀어 옆으로 몬다.

작가 변호인 변론하세요.

서 박사 우선 이 사건은 피고인 네 사람이 서로 공모했다는 가정에서 출발하고 있습니다. 그런데 실상 김한돌과 김기창 피고인만이 한동네에 살기 때문에 알 뿐 다른 사람들은 서로 모르는 사입니다. 또 주범이라는 이동욱의 매부, 철수 군의 아버지는 밀수한 사실도 증거도 없을 뿐더러 범행의 동기에서부터 억지가 많습니다. 검찰이 제시한 증거는 증거능력이 없는 것뿐입니다. 피고인들의 자백도 전혀 믿을 수가 없습니다. 자세한 변론 자료는 서면으로 제출한 바와 같습니다. 피고인들은 무죄입니다.

여자환자 죽은 내 아들 살려내라!

환자들 죽여라! 죽여!

작가 조용히! 경비원!

간호사 정리시킨다.

작가 끝으로 피고인은 할 말이 없는가? 이동욱 피고인!

이동욱 내가 왜 이런 지경에 있는지 아직도 모르겠구만요. 억울한 죄를 받지 않도록 잘 판결해 주세요.

김한돌 나는 이미 각오하고 있습니다. 어떤 벌을 받아도 내가 지은 죄로 봐서 죽어 마땅합니다. 죽은 철수 군에게 그 부모에게 미안할 뿐입니다.

정순범 저두요! 이하 동문······.

이동욱 억울해서 잠을 잘 수가 없습니다. 믿을 것은 법정밖에 없습니다. 저 자들이 왜 나를 끌고 들어가서 이러는지 알 수가 없습니다. 정의의 심판을 내려주세요.

작가 철수 군 유괴 살해사건에 대해 다음과 같이 판결한다. ······ 이유, 검사의 공소 사실을 모두 인정한다. 검찰과 재판부가 현장검증을 마치고 채택한 증거품인 노끈, 마분지 상자, 칼을 확실한 증거품으로 인정하는 한편 피고인 김한돌이 당 공판 때까지 시종일관 범행을 시인한 진술과 이에 따른 증언 및 물증, 범행 당일날의 행적을 뒷받침하는 증거들을 모두 충분하다고 인정한다. 그러나 증인 최혜숙의 증언은 그 신빙성을 인정할 수 없다. 따라서 김기창, 이동욱, 김한돌, 정순범에게 사형을 선고한다.

환자들   사형! 사형!

환자들   (합창한다) 죽여라! 죽여라! 죽여라! 죽여라! 살인자들! 죽여
라! (합창으로 부르짖으며 네 피고인 주변을 돈다)

남자간호사 줄을 잡아당긴다. 천장에서 밧줄 네 개가 서서히 내
려온다. 올가미가 되어 있는 달랑거리는 네 개의 밧줄 앞으로
환자들, 피고인 네 사람을 끌고 간다.

김한돌   안 돼! 안 돼!

정순범   형! 우린 안 죽인다고 했잖아!

김한돌   사실대로 말하겠소! 지금까지 한 자백은 모두 허위자백이오!

정순범   나두요! 난 아무도 안 죽였어요. 시키는 대로 한 거예요!

환자1   (에코) 사형집행! 집행해! 뭐하고 있나?

작가   모두들 제자리에 앉으세요.

간호사 환자들을 본래의 자리에 앉힌다. 조용해진다.

작가   김한돌 씨 허위자백을 했다는데 어떤 진술이 허위자백이죠?

김한돌   지금까지 한 모든 내 진술은 거짓입니다. 난 연극을 한 겁니
다. 난 죄 없는 이 사람들 끌어들여서 연극을 해본 겁니다. 우
리를 죽이면 죄 없는 사람들을 사형시킨 게 됩니다.

환자1   재판장, 피고인은 제정신이 아닙니다. 피고인들은 지금 사형
의 두려움 때문에 발악을 하고 있는 겁니다.

김한돌   검사님한테 묻겠습니다. 나를 범인으로 지목하게 된 단서가

뭔가요?

환자1 그건 밝힐 수 없소!

서 박사 재판장! 피고인은 알 권리가 있습니다.

작가 밝히세요!

환자1 우리 정보원의 제보였습니다.

김한돌 투서로 제보한 게 아닙니까?

검사 역의 환자1 대답 안 한다.

작가 맞아요? 투섭니까?

환자1 그렇소.

작가 투서한 사람은 누굽니까?

환자1 그건 밝힐 수 없습니다.

김한돌 투서의 내용은 다음과 같죠? (읽어본다) 금일도 업무 수행에 얼마나 수고하십니까? 철수 군 유괴 살해사건을 잘 알고 있는 사람이 현재 내수동 16번지에 살고 있습니다. 전과 4범의 김한돌이란 사람입니다. 발신일은 12월 6일 맞지요? 그 편지를 보고 나를 찾아오신 게 아니던가요?

작가 대답하시오.

환자1 그렇소.

김한돌 그건 내가 쓴 편지예요. 그 필적을 내 필적과 대조해 보시면 금방 알 겁니다.

작가 당신이 범인이 아니라면 왜 그런 엽서를 보냈지요? 스스로 범인으로 모는 투서를 말이오?

김한돌 저는 전과잡니다. 그런데 그 전과도 술 마시고 취해서 몇 번 치고받고 싸운 겁니다. 성질 욱한 사람 한두 번 치고받은 적 없겠습니까? 그런데 한번 전과자로 찍히면 내가 잘못하지 않아도 일만 터졌다 하면 죄인취급부터 합니다. 나는 초등학교밖에 안 나왔습니다. 무식합니다. 그래서 우리나라에서 제일 머리가 좋다는 고시 패스한 영감님들을 시험해 보고 싶었습니다. 나를 괴롭힌 법에 복수하고 싶었습니다. 검사님이 나를 철수 살인자로 심문할 때 일부러 모른 척 시치미를 뗐습니다. 그럴수록 안달을 하면서 제 자백을 기다리더군요. 그래서 에라 막가는 인생! 적당히 꾸며대서 자백을 시작했습니다. 천천히…… 조금씩…… 아주 조금씩…… 제 자백에다 맞춰가지고 증거도 만들어낸 거예요. 검사님은 나를 범인이라고 철썩같이 믿고 있었습니다.

환자1 (화가 나서) 이런 무식한 놈! 네가 이제 와서 이 따위로 날 놀리고 무사할 줄 아냐?

작가 조용히 하세요!

김한돌 거기다 한 술 더 떠서 기자분들이 내 거짓말을 그럴듯하게 윤색해서 분위기를 돋구어 주더군요. 교도소서 신문도 받아봤어요. 내가 아 하면 검사는 어 하고 신문이 야 하더군요.

작가 정순범은 어떻게 알지?

김한돌 사실은 저 사람(동욱)이나 이 친구(순범) 전혀 모르는 사람입니다. 기창이는 한동네 살아서 알지요. 검사가 범인이면 공범이 있을 거라고 하면서 심문하더군요. 얼떨결에 이름이 나오는 게 기창이었습니다. 전과도 없는 깨끗한 기창이를 끌고 들어가면 나중에 적당한 때 발뺌하기도 좋을 거 같아서요. 기창 아! 미안하다!

환자1 거짓말입니다. 그 자는 미쳤습니다.

작가 왜 재판 중에 밝히지 않고 이제 와서 자백을 번복했지요?

김한돌 재판 도중엔 검사님이 열심히 사건을 연구하시고 애쓰시는 모습이 눈물겹도록 안타까웠습니다. 그래서 도와주고 싶었습니다. 이건 진정입니다. 그렇게 맡은 일에 열심이고 정열적인 검사님은 처음 만나 뵈었습니다. 전 저 분을 존경합니다. 끝까지 도와드리자! 내 힘이 닿는 데까지 도와드리자…… 그렇지만, 저 분을 돕기 위해서 내 모가지를 내놓을 수는 없는 것 아닙니까? 전 목이 하나뿐입니다.

환자1 어디 두고 보자!

작가 정순범 할 말이 있나?

정순범 전 올 데 갈 데 없는 고아입니다. 남들이 양아치라고 그러더군요. 철수네 집 근처에서 어정대다가 검문에 걸려 잡혔습니다. 수사관이 철수 군 아느냐고 그래서 무조건 안다고 그랬습니다. 철수란 이름은 초등학교 교과서에도 나오는 이름인데 제가 모르겠습니까? 그랬더니 한돌이 형님을 면회시켜 주더군요. 무조건 안다고 그랬지요. 형님도 날 아는 척하기에 에라 친구되자. 세상사람 다 친구되는 거 해될 거 없다. 그래서 무조건 네, 네 했어요. 신문기자들이 사진을 찍어주더군요. 평생에 신문에 얼굴 내보긴 처음이었어요. 배우가 되려던 제 소원을 풀 것 같았어요. 정말 신이 났어요. 죽으려고 들지만 않았으면…… 난 그저 징역 몇 년 하다 나올 줄 알았습니다.

난 전부터 보호소, 감화원, 소년원으로 잡혀 다니기만 했습니다. (울먹이며) 거기선 늘 도망치기만 했구요. 이젠 더 도망치고 싶지도 않구요. 잡히는 것도 진력이 났습니다. 편안히 몇 년 교도소에서 지내려고 했는데…… 죽는 건 싫어요!

김한돌 우린 무죄입니다. 저 사람도 무죄예요! 재판장님, 옳은 판결을 내려주십시오!

이동욱 (한돌에게 소리 지른다) 왜 법에 복수하고 싶다더니 왜 법에다 대고 사정을 하는 거야? 끝까지 복수하지 그래? 네 목을 매달구!

환자1 재판장! 이 자들은 살인잡니다. 대한민국을 다 뒤져도 진범이 나올 수 없습니다.

작가 (일어선다) 철수 군 유괴 살해사건에 대한 원심 판결은 피고인 스스로! 박사님.

서 박사 이 군, 여긴가?

작가 네, 그렇습니다.

서 박사 김기창 씨 이리 나오세요. (작가 내려온다. 재판복을 벗긴다. 그리고 기창에게 입힌다) 기창 씨 올라가세요.

김기창 네?

서 박사 올라가세요. (데리고 김기창을 재판석에 앉힌다. 작가를 피고인 석에 앉힌다) 자, 판결하세요. 피고인 김기창에 대해 판결을 내리세요.

김기창 멍하니 앉아 있다. 작가 피고인석에서 쳐다본다. 서 박사 자기 자리에 앉는다. 모두 침묵 속에 김기창을 본다. 김기창

서서히 일어선다. 모든 사람을 둘러본다. 작가를 본다.

김기창 피고인…….

작가 (일어난다) 네.

김기창 피고인은 남을 속이거나 거짓말을 해본 적이 있는가?

작가 (주저하다가) 없습니다.

김기창 피고인은 남을 때리거나 괴롭힌 적이 있는가?

작가 없습니다.

김기창 피고인은 도적질하거나 남의 물건을 뺏은 적이 있는가?

작가 없습니다.

김기창 그런데 왜? 왜 거기 있지?

작가 나도 모르겠습니다. 재판장님!

김기창 한밤중에 자다 말고 불려나가 심문당한 적이 있지?

작가 (주저하다가) 예. 있습니다.

김기창 뺨을 맞고 발길로 정강이를 걷어채인 적이 수없이 많았지?

작가 예.

김기창 그런데도 고문당하지 않았다고 진술한 이유는 무엇이지?

작가 그 정도 맞는 건 고문 축에도 들지 않았습니다. 나를 정말 고문하고 괴롭힌 것은 신문입니다. 나를 살인범으로 몰고 내 가족과 친지들을 들볶아서 살 수 없도록 만든 신문기자들! 그 펜 끝이 더 아팠습니다. 수사관의 매보다도…… 내 친구의 어처구니없는 무고보다도!

김기창 피고는 왜 알리바이를 주장하지 않았지?

작가 아무도 내 말을 믿을 것 같지 않았습니다. 수사관이 나를 일단 범인으로 본 이상 혜숙이를 끌고 들어간다고 날 믿어주겠습니까? 그리고 그 여자, 이미 시집가서 행복하게 살 그 여자의 인생을 치고 싶지 않았습니다. 우린 헤어졌지만 아름다운 사랑이었습니다. 우리는…….

김기창 그만! 그만해요! 피고인은 바보다! 죽어 마땅해! 차라리 혀를 깨물고 죽어버려라!

작가 재판장! 정의의 심판을 내려주십시오! 억울한 생명이 암흑 속에서 고통받지 않도록…… 그래서 이 땅에 다시는 나 같은 사람이 생기지 않도록 현명한 판결을 내려주십시오.

김기창 (정신 차린다) 철수 군 유괴 살해사건에 대해 판결한다. 피고인은…… 무죄!

서 박사·작가 (김기창에게 다가가서) 이제 재판은 끝났어요. 축하합니다. 기창 씨, 축하해요.

환자1 안 돼. 이 자들은 살인자다, 이 나라를 다 뒤져도 진범은 나올 수 없다. 이 자들을 풀어주면 억울하게 죽은 철수 군의 원혼이 구천에서 헤매고 다닐 것이다. 난 절대 확신한다. 판결이 어떻게 났든 이 자들이 범인이라는 내 신념엔 변함이 없다. 이 자들은 범인이야. 이 자들은 법의 맹점을 악용한 지능적인 범인이야 살인자야! 모두 미쳤어! 모두 날 괴롭히고 있어! 날 죽이려고 하고 있어! 날 쳐다보지 마! 날 따라오지 마! (울부짖으며) 날 살려줘! 으흐…….

작가 간호사!

간호사 울부짖는 환자를 끌고 나간다.

김기창 (환자들에게) 여러분! 이웃 여러분! 나를 전처럼, 교도소 들어
        가기 전의 김기창으로 대해 주세요. 안녕하세요? 아저씨.

환자   나왔구먼, 얼굴이 수척했네.

김기창 아주머니 안녕하셨어요?

여자환자 응, 그래 고생 많았지. (표정은 다르다)

환자들 전과자!

환자들 살인자!

환자들 병신 다 됐구만.

김기창 아버지!

환자들 아버진 앓아누워 있다네.

김기창 어머니!

환자들 네 어머닌 죽었어!

김기창 (부른다) 혜숙아!

환자들 없어졌어! 떠났어! 너는 혼자야!

환자들 전과자야!

환자들 살인자!

기창 귀 막는다. 환자들 '살인자' 유니송으로 합창하며 기창의
주위를 돈다.

김기창 (발작하듯) 난 아니야! 난 죄가 없어. 난 결백합니다. 아버지!
        으흐…… (울부짖다가 웃기 시작한다. 서막의 웃음)

서 박사 간호사!

남자간호사 기창을 잡아끈다. 기창 악- 비명 지르며 발작하기
시작한다.

김기창 난 아니야! 날 잡아가지 마! 난 죄가 없어!

질질 끌려 나가는 기창을 보고 있는 환자들.

서 박사 다들 방으로 돌아가요! 다 끝났어요. 수고했어요.

환자들 퇴장한다.

서 박사 이 군, 대성공이야. 이제 김기창은 한잠 푹 자고 나면 마음이
홀가분해질 거야. 물론 사람이란 땅에 매달려 있는 식물같이
과거라는 자기 망령 속에 집착해 있어서 거기서 떼 놓으려 할
때 상당한 무리가 생기기 마련이지. 하지만 김기창의 경우 사
회 적응을 위한 몇 가지 상담을 해주면 정상인으로 이 사회에
복귀할 수 있어.
작가 그렇다면 더욱 기쁜 일이군요. 그렇지만 지금 박사님의 말씀
대로 과거의 그림자가 얼만큼 기창 씨를 지배하고 있는지 그
것이 걱정되는군요. 그래서 정상적인 의식을 가진 사람으로
이 사회에 복귀된다 해도 앞으로의 사회생활에 적응할 수 있
을는지…….
서 박사 그 점은 내 경험으로 봐서 크게 염려 안 해도 될 것 같네. 처
절한 전투에서 살아남은 귀향용사가 그 끔찍한 장면을 항시

처절한 상태대로 기억하는 것이 아니라 오히려 재미있게 재생해서 우리에게 즐거운 무용담으로 들려주는 경우를 많이 보지 않았나? 기창 씨도 분명히 옛날 얘기하듯 웃으면서 오늘의 얘기를 할 날이 올 걸세.

　　　　남자간호사 들어온다.

남자간호사　원장님!

서 박사　무슨 일인가?

남자간호사　환자…… 김기창 씨를 어떻게 할까요?

작가　김기창 씨가 어떻게 됐습니까?

서 박사　가봅시다!

　　　　세 사람 움직인다. 무대 한쪽에 라이트 떨어지면 간호사 철창을 가린 검은 천을 벗긴다. 밝은 라이트 밑에 나타난 김기창의 목 매단 시체.

작가　아―!

서 박사　어떻게 된 건가? 왜 혼자 있게 내버려 뒀어?

남자간호사　자살한 게 아닙니다. 원장님!

서 박사　뭐, 아니야?

작가　아니라니?

남자간호사　제가 사형을 집행해 버렸지요! 그 사람은 범인입니다. 이건 확실한 사실입니다. 난 내 양심에 따라 거리낌없이 사형을 집행했습니다. 이 세상은 깨끗한 세상이 되어야 합니다. 난 내 양심을 걸고 선언합니다. 이 자들은 범인입니다. (눈에 광채, 미친 듯하다) 무죄 선고한 건 잘못이에요! 살인범은 죽여야 합니다. 범인은 모두 죽여야 해요!

서 박사 키들거리며 웃기 시작한다.

서 박사 하하…… 흐흐흐…….

작가 박사님! (어깨를 잡아 흔든다) 박사님, 왜 이러십니까?

서 박사 핫하…… 미쳤어…… 모두…… 으흐……. (마구 몸을 흔들며 미친 듯 웃어대기 시작한다)

작가, 서 박사의 어깨를 안는다. 진정시키며 의자에 앉힌다. 훌쩍거리며 우는 서 박사.

서 박사 모두 미쳤어! 모두…….

작가 객석으로 향한다.

작가 여러분, 이 연극은 실제 사실에 기초를 두고 쓰여진 드라마입니다. 오늘날 믿을 수 없는 일들이 마치 전시대의 신화와 같은 일들이 수없이 벌어지고 있습니다. 우리는 이 세상에 존재했다 사라진 많은 신화들, 제우스, 아폴로, 프로메테우스, 단군, 알지, 수로, 석가모니, 예수, 마호메트의 신화를 기억합니다. 그들은 모두 인간들을 위해 태어났고 인간을 위해 살았던 신들의 이야깁니다. 그러나 오늘 우리 곁에서 많은 신들이 죽어갔고 죽어가고 있습니다. 그러면 오늘 우리의 신들은 누구입니까? 컴퓨터인가요? 매스컴인가요? 아니면 폭력 자체인가요? 오늘도 우리는 수많은 신화를 창조하고 있습니다. 그런데 그 신화들은 이미 인간을 위한 신화가 아닙니다. 신과 인간이 함께 숨쉬며 살았던 그 시절의 신화는 이미 막을 내렸습니다. 오늘의 신화는 파괴의 신화일 뿐입니다. 아무것도 올바른 의미를 지닌 채 존재하고 있는 것은 없습니다. 항상 새로운 신화에 의해 파괴되고 변화하고 있으니까요. 오늘날 한 가지 확실한 것이 있다면 우리의 달력이 2000년을 향하고 있다는 사실입니다. 우리는 모두 2000년을 향한 같은 배에 타고 있습니다. 그런데 그 배가 정녕 어디로 가고 있는지 아는 사람은 없습니다.

막.

혁명과 사랑

1장

어둠 속에서 스피커의 목소리가 들린다.

목소리 수형번호 49843 박명일, 1년 6개월 형기만료로 석방한다. 사회에 복귀하여 건전한 시민으로 새생활을 시작할 것을 당부한다.

철창문 여는 소리가 들리며 조명 들어온다.
교도소 밖에서 어머니와 누나 명순이 기다리고 있다.

어머니 왜 여태 안 나오니?

명순 석방수속 때문일 거예요. 영치한 물건들도 찾아야 하고.

어머니 이게 도대체 무슨 일이냐? 우리 집안에선 옥살이라고 한 사람이 없는데…….

명순 명일이가 뭐 도둑질을 했어요? 파렴치범으로 들어간 거 아니니까 부끄러워할 거 없어요.

어머니 그래도 평생 호적에는 붉은 줄이 남을 것 아니니? 아들이라고 하나 있는 게 이렇게 부모 속을 썩이다니……

명순   친구 잘못 사귀어서 그런 거지 뭐, 대학서클인가 들 때부터
　　　　문제가 생긴 거야. 그때 못하게 말렸어야 하는데.

어머니 누가 말리니? 요새 애들이 부모가 말린다고 들어? 서클이 뭔
　　　　지 알기나 했어야지……

　　　　육중한 철문이 열리는 소리가 들린다

명순   이제 나오나 봐요!

어머니 저 애들은 누구야?

　　　　박수소리와 함께 보따리를 든 명일이 동료들에 둘러싸여 나온
　　　　다.

동료1   박명일 동지, 환영한다!

동료2   고생했다! 박 동지 만세!

어머니 명일아!

명일   아, 엄마, 누나! (주변을 두리번거린다)

명순   누굴 찾니?

명일   소연이는?

동료   명일이 어머니 되십니까? 기쁘시겠습니다.

어머니 뭐가 기뻐? 감옥에서 나오는 게 기뻐? 애들은 누구냐?

명일   제 친구들입니다.

명순   어서 집에 가자. 아버지가 기다리신다.

명일 지금은 갈 수가 없는데…….

동료2 저, 저희 동지들이 박명일이 환영회 준비하고 있습니다.

어머니 동지? 학생 녀석들이 무슨 독립투쟁하냐? 동지는 무슨 동지야? 이런 못된 놈들 때문에 네가 이 지경이 됐어! (잡아끌며) 어서 집에 가자!

명일 엄마! 먼저 가세요.

어머니 학교 퇴학 당하고 콩밥까지 먹고도 아직 정신을 못 차렸냐?

동료1 명일이는 민주화를 위한 투쟁을 하다가 옥고를 치른 것입니다!

어머니 뭐? 민주화? 민주화는 너희들이 특허냈니? 화염병 던지고 돌 던지는 게 무슨 민주화야?

명순 엄마!

명일 누나, 엄마 모시고 먼저 가!

친구들, 운동가를 부르며 **명일**이를 무등 태워 데리고 나간다.

어머니 야, 이놈들아, 명일이는 내 아들이다! 당장 내놓지 못하겠니?

명순 엄마! 소용없어.

어머니 저게 어떻게 내 속에서 나온 자식이니? 제 에미는 지가 들어가 있는 동안 하루하루를 애태워가며 저 나오기만을 기다렸는데 에미 잘 있었느냐 말 한마디 안 하고 달아나다니…….

명순 그렇게 아들아들 하더니, 꼴 좋수. 소연이가 안 왔나, 그것부터 찾던데?

어머니 퇴학맞고 감옥까지 간 애를 어느 계집애가 기다려?

명순   가요, 아버지가 기다릴 텐데…….

어머니 아들 하나 있는 게 이 모양이니…… 네 아버지가 또 얼마나 실망하시겠니. 자식한테 사업 물려줄 꿈에 부풀어 있었는데…… 그래서 상과를 보내고 얼마나 명일이한테 기대했다고. 명일이 잡혀가고 아버진 십 년은 더 늙었을 거다.

명순   진작 딸한테 사업 물려줄 생각을 했으면 이런 때 실망 덜 하지…….

어머니 넌 학교 공부하러 다닌 거니? 연애하러 다녔지. 저희 마음대로 연애하고 결혼하고 부모들은 아주 헛껍데기지……. 자식 다 소용없다!

명순   그런 거 알았으면 명일이 때문에 속상해 할 거 없어요. 가요! 길바닥에서 이러지 말고.

2장

대학가 카페.

명일의 환영식이 베풀어지고 있다. 명일의 동료 남녀 젊은이들
생맥주를 마시고 떠들고 있다. 성철, 기타 치면서 노래 부르고
있다. 후렴은 모두 따라한다.

성철   (노래한다) 젊은이여, 노래하자. 다가오는 내일을 위해
        오늘은 갈등 속에 괴롭다 해도 우리는 젊다.
        사랑이여 어서 오라, 주저하지 말고 나에게
        세상은 우리에게 냉정하지만 겁날 것 없다.

        아, 돌팔매와 최루탄 연기 속에 눈물을 흘려도
        우리는 지칠 줄 모르는 집념의 화신이다.
        아, 강의실과 도서관 책더미에 젊음을 묻어도
        우리는 타협을 모르는 의지의 사나이다.

        젊음이여 노래하자, 아름다운 사랑을 위해

지금은 고민으로 괴롭다 해도 우리는 젊다.
사랑이여 어서 오라, 주저하지 말고 나에게
세상은 우리에게 냉혹하지만 겁날 것 없다.

카페 주인 인규, 앞치마를 두른 채 맥주병을 나른다.

인규   야, 돈 걱정하지 말고 마셔. 명일아, 너 거기 있는 동안 술 생
       각나서 어떻게 했냐?
경식   너를 대신해서 우리가 마셨지.
명일   그래도 그 안에서 알콜 냄새는 맡았다.
인규   뭐? 대한민국 감옥 안에 술도 있냐?
정식   야, 완전히 감옥도 자본주의화 됐구나.
명일   그런 게 아니고 우리 방에 배임횡령죄로 수감된 죄수가 한 명
       있었는데 초콜릿 한 상자를 사식으로 받았어. 그 왜 위스키
       한 방울씩 들어 있는 초콜릿 있지? 바로 그거였어.
경식   와, 그거 아이디어다.
명일   나도 그 초콜릿 하나를 얻어먹었지. 오, 난 그 한 방울의 알콜
       이 그처럼 부드럽게 내 목구멍을 간질이며 흘러내리는 걸 처
       음 경험했다. 그날 밤 우리 방은 전부 그 알콜 한 방울로 취했
       어. 기분으로 취한 거지만, 모두 흘러간 옛 노래를 부르며 울
       고 웃곤 했다. 물론 교도관한테 시끄럽게 굴었다구 단체 기합
       은 받았지만…….
인규   초콜릿! 그런 게 있었지.
명일   교도관이 술이 있는 것도 아닌데 술 냄새가 나고 얼큰히 취한

걸 보고 기가 막혔던 모양이라, 나중에 알아버렸지. 그 다음엔 일체 초콜릿 반입금지 조치가 내려졌어.

경식 저런.

인규 그러니까 그때 생각해서 마음껏 마셔. 명일이 위스키 줄까?

명일 아니야, 됐어. 집에 가 봐야지. 그런데 소연이는 어떻게 된 거니? (모두 조용해진다) 난 오늘 소연이가 마중 나올 줄 알았어. 아니면 여기서 나를 기다리나 했지, 그런데 왜들 그러니? 소연이한테 무슨 일 생겼니?

경식 나쁜 일이 생긴 건 아니야.

명일 그럼 뭐야? 너희들 뭘 숨기고 있는 거니? 오늘 내가 나온다는 걸 모를 리 없을 텐데?

성철 사실대로 말해 줘.

명일 무슨 사실?

인규 소연이 취직했다.

명일 취직? 졸업했으니 그럴 수 있지. 그런데?

경식 소연이가 어디 취직했는지 아니? 대원그룹 비서실에 취직했어.

명일 비서실?

성철 소연이는 변했다. 우리 모임에서 탈퇴했어.

인규 그뿐만이 아니야, 우릴 비난하고 있어.

명일 왜?

인규 우리의 행동방침에 대해 이의를 제기하고 다른 후배들한테 영향력을 행사한단 말이야.

성철 우린 노학연계 투쟁에 가담했다.

명일   노학연계 투쟁?

성철   노동자 농민과 함께 이 나라의 민중정부 수립을 목표로 하는!

명일   야, 우리의 시작은 그게 아니었잖아? 난 혁명가가 되려고 민주화 운동을 시작한 건 아니야!

인규   그럼 뭐야? 민주화의 궁극적인 목표가 뭐야?

경식   자유, 평등, 정의!

성철   그건 혁명으로만 성취 가능하다!

   이때 문이 열리며 검은 작업복의 사나이 나타난다. 모두 정지한다.

사나이   내가 방해해서 미안하오.

경식   어서 오십시오. 이 친구가 문화부장 박명일입니다. 오늘 석방됐습니다.

사나이   축하하오! (악수 청하며) 앞으로 우리의 투쟁에 적극 협조하길 바라오. 내가 온 것은 우리 조직의 4차 회합이 오늘 자정에 있소. 여러 동지들의 활동 지침이 내려질 것이오. 그때까지 동지들을 규합해 주시오. 회합 장소는 추후에 전화로 알려주겠소. 암호는 375, 기억하시오.

사나이   승리의 그 날을 위해!

   사나이 맥주 한 잔을 쭉 마시고 일어선다. 사나이 올 때처럼 표연히 사라진다.

명일 저 사람 누구지? 누군데 저 사람의 지시를 받는 거지?

경식 우리와 노동조직을 연계시켜 준 다른 조직의 연락원이야!

명일 다른 조직? 너희들 도대체 어떻게 된 거야?

성철 우린 운동권 학생의 때를 벗고 혁명조직의 하부기구로 확대 개편한 거다! 물론 우리 밑으로 학원 조직은 상존한다!

명일 나는 반대다. 나는 우리의 순수성을 잃는 것에 반대한다. 나는 너희들이 무슨 일을 하는지 가담할 수 없어.

경식 명일아! 우린 순수성을 잃은 게 아니야. 우리의 순수성을 현실로 구체화시키려는 거야.

명일 말장난하지 마! 우리는 기성 조직에 이용당하고 있는지도 몰라.

성철 박명일, 어떻게 된 거지? 수감돼서 투쟁의식이 고양될 줄 알았는데 약화돼서 나오다니.

명일 모르겠어. 난 감옥에서 많은 생각을 했다. 순수한 우리들의 행동을 불순한 정치 목적을 갖고 있는 것으로 때려잡는 이 체제에 대해 복수심에 불타기도 했지만 또 한편으로는 과연 우리들의 정열만으로 현실을 얼마나 바꿀 수 있을는지, 우린 독선에 빠져 있는 건 아닌지…… 내가 왜 이런 생각을 하게 됐는가 하면…….

말을 멈추고 입구를 본다. 거기 소연 들어와 서 있다. 세련된 모습으로 이들과 어울리지 않는 분위기가 나타난다.

소연 건강해 보이는구나. 왜들 그렇게 바보처럼 서 있니?

성철　우린 자리를 피하는 게 좋겠군.

성철, 경식 등 술잔 들고 옆방으로 간다.

인규　(빈 잔 치우며) 소연이가 들어오니까 모두 넋이 나갔나 보다.
　　　우리가 바보처럼 보이는 것도 당연할 거야. 한 잔 드릴까요?
　　　이소연 씨?

소연　고맙지만 사양하겠어.

명일　우리가 나가지?

소연　그럴 것 없어. 여기서도 좋아.

명일　어떻게 알았어? 내가 여기 있는 걸.

소연　집에 전화했어.

명일　우리 집에?

소연　오늘이 석방일인 줄은 알고 있었거든.

명일　그럼 왜?

소연　내가 취직한 거 모르니?

명일　알아, 그룹 비서실, 왜 하필 비서실이야?

소연　연수부에 있다가 스카웃됐어.

명일　늙은이들이 소연의 싱싱한 미모에 반했구나.

소연　(못 들은 척) 앞으로 뭘 할 거지?

명일　내가 소연이한테 묻고 싶은 질문이야. 네 비서실 업무에는 회
　　　장님의 어깨를 주물러주는 일도 포함되니?

소연　박명일 씨, 시야를 넓히세요. 남들은 감옥 속에서 벽만 바라
　　　보고 있어도 뭔가 깨닫는다는데 명일 씨는 왜 그렇게 편협한

시각으로만 세상을 보지?

명일　대기업에 취직하더니 기성세대의 대변인 다 됐구나. 대기업이 좋긴 좋은가 보지? 재벌 타도를 부르짖던 자식들이 너도 나도 대기업에 취직하려구 대가리를 싸매는 걸 보면. 소연이까지 그럴 줄 몰랐지.

소연　나도 처음엔 부정적인 시각으로만 봤어. 문화부 차장을 할 때도, 솔직히 말해서 우리가 세상을 얼마나 알고 싸웠니?

명일　지금 나를 설득해서 너희 회사에 취직시키려는 거야?

소연　학교 복학해서 공부나 마치라는 충고를 하러 온 거야. 받아줄지는 모르지만. 명일 씨 하기에 달렸다고 봐.

명일　그 충고를 하려고 날 찾아왔어?

소연　그래.

명일　그뿐인가?

소연　또 있어. 날 잊어줘.

명일　아! (소리 지르며 들고 있던 술잔으로 탁자를 내려친다)

소연 눈 하나 깜짝 않고 서 있다. 옆방에 있던 동료들 나와본다.

소연　아무 일도 아니야, 감정이 좀 격했나 봐.

동료들, 명일의 눈치를 보다가 안으로 들어간다.
소연, 핸드백에서 손수건 꺼내들고 명일에게 다가간다.

소연　손 이리 내봐. 피가 나잖아?

명일의 손을 잡아끌어 피를 닦아준다.

소연   그 성질 언제 고칠 거니?

명일   다른 남자가 생긴 거야?

소연   현실에 뛰어들어 열심히 일하고 있는 생동감 넘치는 젊은이들이 너무 많아. 거기에 비하면 여긴 지하실처럼 습하고 어두워.

명일   우리 현실엔 어두운 구석이 많다. 감방처럼…….

소연   밝음과 어둠이 함께 있는 게 세상이야.

명일   오, 그래서 밝은 면만을 보시겠다, 그건가? 왕년의 투쟁적인 이소연은 어디로 가버렸냐고? 흰 적삼 검은 치마에 앞장서서 북을 치던 이소연이는 어디로 사라진 거지? 2년의 세월이 사람을 이렇게 변하게 할 줄은 몰랐어!

소연   누구든지 변해. 세상이 변해가는 것처럼!

명일   그래서 대재벌의 화려한 비서실에서 생동하는 젊은이들과 함께 세상을 즐기겠다 그 말인가? 기름 낀 뱃가죽의 회장님, 사장님 뿌리는 돈맛을 보면서……?

소연   그렇게 세상을 보면 다 부정적이야. 회장님, 사람들이 골프나 치며 돈을 뿌리는 사람만 있는 건 아니야. 남보다 잠을 덜 자면서 일에만 열중인 그런 사장님을 난 봤어. 우리 중의 누구보다도 더 열심히 살아가려고 노력하는 어른들을 나는 보았어. 명일 씨 아버님도 일밖에 모르시는 분이라고 말한 적 있잖아.

명일   아버지 얘긴 꺼내지 마.

소연　나는 너를 이런 곳에서 만나길 원치 않았어.

명일　그런데 왜 왔어?

소연　한 번은 만나야 할 것 같아서…… 우리의 지나간 시절이 찌꺼기처럼 남아 있는 거 원치 않아.

명일　너한텐 찌꺼기밖에 안 되니? 그 많은 만남들이?

소연　감정의 찌꺼기, 사랑의 껍데기들이었어!

소연의 팔을 움켜잡는다.

소연　때리고 싶으면 때려! 네가 후련해진다면.

명일　(밀어버리며) 꺼져. 내 앞에서 사라져!

소연　우리의 만남은 언제나 우리의 운동, 투쟁, 사상의 언저리에서 맴도는 만남이었어. 우린 한 번도 순수하게 만남 자체의 기쁨을 위해 만난 적이 없어. 나는 노래와 시와 사랑의 아름다움을 원하는 여자야. 나는 우리가 만나는 동안만이라도 내 남자가 시인이 돼주기를 바래. 다시는 옛날의 거친 사랑의 유희를 반복할 수는 없어. 그러기엔 내가 너무 달라졌어. 내가 하고 싶은 말은 이것뿐이야. 안녕, 잘 있어.

소연 나가버린다. 명일 탁자를 움켜잡고 부들부들 떤다.
동료들 나온다.

경식　야, 소연이 이대로 보낼 거니?

성철　도대체 소연이가 뭐라고 지껄인 거야? 명일아, 어떻게 된 거야?

인규 가만 내버려둬. 명일이와 소연이는 특별한 관계야, 우리가 개입할 성질의 일이 아니다. 혁명에도 사랑은 필요하니까.

경식 그냥 속된 말로 다리를 걸어 넘어뜨리지 그랬어?

명일 입 닥쳐 임마!

성철, 기타를 집어들고 치며 노래한다.

성철 젊은이여 노래하자, 아름다운 사랑을 위해 지금은 고민으로 괴롭다 해도 우리는 젊다, 사랑이여 어서 오라, 주저하지 말고 나에게, 세상은 우리에게 냉혹하지만 겁날 것 없다.

전화벨 울린다. 인규 받는다.

인규 네, 사랑만들기 카페입니다……. 아……예 375 (모두 긴장한다) 네…… 알았습니다…… 자정에…… 그 날을 위해!

모두 인규를 보고 명일에게 시선을 준다.

명일 (단호하게) 나도 함께 간다!

'너와 나'

이야기 한 번 들어보세요

바다보다 더 넓은 세상에
모래보다 더 많은 사람들이
살면 얼마나 더 잘산다고
아웅다웅 싸우며 살까요?

너와 나, 우리와 당신들이
결국은 서로 만났다 헤어지는
멜로드라마가 인생의 모습인데
크면 얼마나 더 크겠다고
치고 받고 다투며 살까요?

이야기 한번 들어보세요
하늘보다 더 높은 희망과
햇빛보다 더 밝은 사랑이
우리 가슴에 숨어 있는데
누가 우리를 비웃고 있나요?

너와 나, 우리와 당신들이
결국은 서로 만났다 헤어지는
블랙코미디가 인생의 모습인데
이별이 얼마나 슬프다고
눈물 콧물 흘리며 울까요?

아, 너와 나의 만남과 너와 나의 이별이

우리들의 사랑 이야기라면
멜로드라마도 블랙코미디도
겁날 것 없지, 너와 나는.

3장

무대 밖에서 식구들 목소리가 들린다.

아버지   그래, 멱살이라도 잡아끌고 오지 뭘 했어?

어머니   명일이가 어린애예요? 소리는 무슨 큰소리예요? 왜 그럼 당신이 데리러 가지 않았어요?

아버지   아니, 그 불한당 같은 놈들을 그냥 놔둬? 고발해서 다 잡아가게 하든가 하지.

어머니   친구들이라고 지가 따라가는데 잡긴 어떻게 잡아요? 얘, 아버진 저렇게 말도 안 되는 소릴 하고 있다.

명순   그만들 두세요. 명일이가 누구 말 들어요? 엄마, 아버지가 잘못 키웠지.

벨소리가 나며 조명 들어온다. 명일이네 집 거실이다. 명순 거실로 나와 현관으로 간다.

명순   누구세요?

한태욱 나야.

  한태욱 들어온다.

한태욱 처남 돌아왔나?
명순 작품 쓸 게 있다면서 왜 왔어?

  어머니 나온다.

어머니 한 서방인가?
한태욱 안녕하셨습니까, 장모님? 명일이가 나온다고 해서, 하나밖에 없는 처남인데 안 와 볼 수가 있습니까?
어머니 명일인 제 친구들 따라갔네.
한태욱 아하, 만나면 따끔하게 야단을 좀 쳐주려고 했는데······.
명순 야단도 잘 치겠다. 어울려 술이나 마시려고 왔지. 핑계가 없어 술 못 마시는 분이니까.

  아버지 나온다.

한태욱 집에 계셨군요.
아버지 바쁠 텐데······ 어떻게 왔어?
한태욱 지하철 타고 왔습니다.
명순 동문서답하고 있네.
어머니 저녁은 어떻게 했나?

한태욱 생각 없습니다. 술이나 좀 주십시오.

명순 그럴 줄 알았어.

아버지 가서 잔 가져와, 내 잔도!

어머니 자네 안 왔으면 어쩔 뻔했나?

어머니 나간다.

명순 말조심해요. 헛소리하지 말고!

한태욱 내가 언제 헛소리했어?

명순 나간다.

아버지 무슨 소리야?

한태욱 저 사람은 내가 하는 말은 다 헛소리랍니다. 자기 말은 다 성경 말씀이구요.

아버지 세상 여잔 다 그래.

아버지 찬장에서 양주병 꺼낸다.

한태욱 명일이 앞으로 어떻게 한답니까?

아버지 집에나 와 봐야 무슨 얘기든 해보지. 아니 지가 무슨 불만이 있어 데모를 하고 운동권 앞잡이를 하느냔 말이야. 집안이 가 난해서 불만이 쌓여 있다면 또 몰라. 이 녀석은 그 어려운 대 학에 입학하자마자 데모대에 가담해서 전경 몽둥이에 얻어맞아 어깨를 분지르고 오질 않나, 나중엔 무슨 간부가 돼서 감옥까지 가다니……. 자네 이 일을 어떻게 생각하나?

한태욱 아, 불만이야 있을 수 있죠.

아버지 무슨 불만이 있어? 부모가 공부를 못 시켜? 굶기길 했어?

한태욱 불만이 쌓일 만도 하지요. 중학교, 고등학교 6년을 공부만 하라고 윽박지른 데다 과외다 뭐다 좀 시달렸습니까?

아버지 그게 다 저를 위해서지.

한태욱 그러니까요. 고등학교 때 꽉 눌려서 기를 못 펴다가 대학에 들어가니까 확 풀어진 거 아닙니까? 그 동안 쌓였던 스트레스를 돌을 던져서 푸는 겁니다. 아, 좀 재미있습니까? 전경하고 돌 던지며 쫓고 쫓기고, 옛날엔 정월대보름 때 이웃 마을끼리 돌 던지기 편싸움도 민속놀이로 했습니다.

아버지 지금 애들이 민속놀이로 데모를 한단 말인가?

명순, 잔과 안주 들고 나온다.

명순 이인 말도 안 되는 소리를 하고 있어요.

한태욱 왜 말이 안 되나? 나도 대학 때 데모 쫓아다녀 본 적이 있지만 대부분의 애들이 말입니다, 핵심분자를 빼놓고는 제 개인분풀이로 돌을 던집니다. 왜 시어머니 장례에 며느리가 제 설움에 겨워 울면 시누, 올케, 고모, 이모 일가 떨거지들이 줄줄이 흐느껴 우는 거 있지 않습니까? 그 비슷한 현상입니다.

명순 떨거지가 뭐예요? 말을 해도…….

잔에 술 따르는 아버지.

한태욱 좌우간 애들은 자기를 억압했던 선생님, 아버지, 어머니한테 복수를 하고 싶은 겁니다. 그걸 못하니까 아버지들 대표인 대통령한테 돌을 던지는 거지요.

명순 웃기는 소리 좀 하지 마.

어머니 (안주 들고 나오며) 넌 남편한테 그게 무슨 말버릇이냐?

한태욱 이 새끼, 저 새끼 소리 안 듣는 것도 다행으로 알고 삽니다.

명순 당신 취했어?

한태욱 나 아직 한 모금도 안 했어. 지금 막 마실 참이야.

어머니 애, 너희들 애는 어떻게 된 거니?

명순 저이가 애 싫대요. 작품 쓰는 데 방해가 된대나? 무슨 명작이나 쓴다구.

아버지 허어…….

한태욱 사실은 아이를 갖지 않기로 결심했습니다. 인구 많은 나라에서 저라도 인구를 좀 줄이는 데 기여를 해야지요. 명작도 못쓰는 주제에.

어머니 그래도 애 하나는 있어야 쓸쓸하지 않지. 외아들이라고 하면서 대는 이어야 할 거 아닌가?

한태욱 어머님, 저희 가문이 뭐 대단한 가문이라고 대를 잇습니까? 대를 잇는답시고 얼마나 많은 쓰레기 같은 인간이 넘치는데요?

아버지 이 사람아, 부모님들이 들으면 노하시겠네.

한태욱 부모님들은 이미 포기하셨습니다. 제가 작가가 된다고 했을 때부터…….

명순 저도 애는 싫어요.

어머니 별난 소리 다 하고 있네.

명순 애 때문에 속썩을 일도 없잖아요. 자유롭고…….

한태욱 그렇습니다. 저흰 둘이 사는 걸 만족합니다. 여행도 마음대로 다니고 애한테 묶일 일도 없고 돈들 일도 없고 과외 걱정, 대학입시 걱정 없고 이렇게 데모할까봐 걱정 안 해도 되고…….

아버지 돈은 문제가 아니야.

한태욱 애를 낳을 테니 한밑천 주시겠습니까? 하하…… 농담입니다.

명순 당신 오늘 왜 이렇게 쓸데없는 소릴 많이 해?

어머니 너희들 뭐 숨기는 거 아니야? 병원엔 가봤니?

명순 엄마!

한태욱 사실 문제는 있습니다.

어머니 무슨 문제…….

한태욱 이건 장인 장모님 앞에서 드릴 말씀은 아니지만…….

어머니 말하게, 괜찮아.

한태욱 밤에 말입니다.

명순 무슨 얘기 하려구 그래?

아버지 말하게 뭐!

한태욱 제가 밤에 글을 쓰기 때문에 우린 방을 따로 쓰거든요.

어머니 그러면 안 된다니까.

한태욱 꼭 돈 얘기를 합니다. 원고료 언제 나와요? 그 순간 제 하반신의 기운이 싹 달아나는 거 있죠?

명순 주책 좀 그만 부려!

아버지 하하하……. (마구 웃는다)

어머니 여보!

아버지 우리도 그랬어, 하하하.

명순 나 갈 거야, 당신 알아서 와!

명순 안으로 들어간다.

한태욱 장인 어른도 방을 따로 쓰셨습니까?

아버지 따로 살 때가 있었지. 애들 때문에 이혼 못했어.

어머니 내가 이혼을 하고 나왔어야 하는 건데…….

한태욱 그러니까요, 애가 없으면 이혼하기도 쉬울 거 아닙니까?

어머니 그런 소리 함부로 하는 거 아니네.

아버지 그런데 명일이는 어디 가서 여태 안 오는 거야?

어머니 학교는 어떻게 하지? 복학을 시켜줄까?

한태욱 명일이가 무슨 운동 하고 싶다면 정치가로 만들어 주십시오.

아버지 뭐?

한태욱 아, 학생운동 하다가 국회의원도 되고 시의원도 되고 그런 사람 있지 않습니까? 장인어른께서 돈 많이 벌어서 뒤 대주면 되고, 정치야 돈 있으면 되는 거니까.

아버지 그걸 말이라고 하나?

어머니 이 분이 무슨 돈을 벌어? 돈 얘기하면 골치 아프네…….

한태욱 아니, 백 명이 넘는 직원을 거느린 중소기업 사장이신데 뭐가 힘드십니까?

아버지 모르는 소리 하고 있군. 우리 공장에도 노조가 생겼어.

한태욱　그거야 생기기 마련이지요. 신문배달원도 노조가 있는데……．

아버지　그것도 내가 기르다시피 한 녀석이 노조위원장이야.

한태욱　기르다니요?

아버지　영등포에 공장이 있을 땐데 바로 길 앞에서 목판을 벌여놓고 애들 상대로 오마케 장사를 하던 녀석이야. 자네 오마케 아나?

한태욱　설탕을 녹여 과자 만들어서 혀로 핥아내 상을 타는 장사…….

아버지　아는구만, 내가 어느 날 그 녀석더러 젊은 놈이 기술을 배우든가 하지 그게 뭐하는 짓이냐고 했더니 이 녀석이 찰싹 붙더니만 기술을 배우게 해달라는 거야. 매일 공장 앞을 비로 쓸면서 사정하는데 애가 성실해 보여서 기술을 배우게 했어.

어머니　밥은 집에 와서 먹고, 장가 보내고, 사람 만들었지.

아버지　지금은 금속 프레스반 반장이고 고참이야. 그런데 어느 날부터 낯색이 달라지더니 노조를 한대나? 이 친구가 노조위원장이 됐어.

한태욱　설마 은인을 배반이야 하겠습니까?

아버지　공장에서 어쩌다 만나면 깍듯하지…… 아버지 대하듯 하는데, 노사회의 석상에만 나오면 안면을 싹 바꾸는데 사람 환장하겠더구만.

한태욱　노조가 요구하는 건 뭡니까?

아버지　수십 가지야. 셀 수도 없어. 특근수당 인상, 보너스 백 퍼센트 인상, 화장실을 수세식으로 고치라는 요구…… 기업경영 공개…… 아주 다 내놓으라는 거야. 그래도 내가 같은 업종 중에서는 대우를 잘해주고 있단 말이야. 특근하는 사람들한테 야식비를 따로 대주는 데는 우리밖에 없어.

어머니 그래서 공장 누구한테 넘겨주고 이민이라도 가자고 내가 그러고 있네.

한태욱 그럴 수야 없지요.

아버지 내가 골치가 아파. 내가 맨손으로 집 팔아서 세운 공장이고 기업이야. 하지만 이젠 경영이고 뭐고 다 때려치우고 싶은 생각이네.

어머니 그 동안 내가 애태우며 고생한 일을 생각하면 말을 다 못해. 부도날까 봐 매일 애간장을 태우면서 살았어. 이제 좀 걱정을 덜었나 싶었는데…….

아버지 명일이를 빨리 졸업시켜 내 업체를 맡길 계획을 세우고 있었는데 그 녀석마저 이 모양이니…… 내가 무슨 희망이 있겠나? 지금 심정 같으면 정말 이민이라도 가고 싶어!

명순 (짐 들고 **나오며**) 아버지, 이제 술 그만하세요. 나중에 이민 가시더라도…….

어머니 마른반찬 해놓은 것 좀 담지 그랬니?

명순 이거면 됐어요. 여보, 가야지…….

한태욱 명일이를 보고 가야 하는데…… 할 얘기도 있고…….

어머니 언제 올지 알아야지…….

한태욱 오겠죠. 너무 걱정 마십시오. 명일이도 철이 들었을 겁니다. 달라지겠죠.

전화벨 울린다. 명순 받는다.

명순   여보세요…… 명일이니? …… 언제 올 거야? 매형이랑 기다리는데…… 뭐? 얘! 명일아! (전화 끊어진 듯) 오늘 못 들어온대요. 회합이 있다나 봐요.

아버지 주저앉는다.

한태욱   (술 마저 마시며) 달라지지 않았군.

4장

높은 단상에 희미한 불빛을 받으며 사나이 서서 말하고 있다.

명일 이하 참석자들 관객에 등을 진 채 사나이를 올려다보고 있
다.

전체적으로 괴기로운 분위기다.

사나이　의식 수준이 낮고 조직화되지 않은 노동자들을 투쟁대열로
　　　　이끌기 위해서는 올바른 전술을 사용해야 한다. 처음부터 강
　　　　경한 중앙돌파를 시도하는 것은 투쟁의 양상만 치열해질 뿐
　　　　노동자들을 지치게 해서 기업주측의 공격에 쉽게 무너질 우
　　　　려가 있다. 투쟁에서의 승리를 가능케 하는 것은 어디까지나
　　　　노동조합의 자체 역량이나 이를 지원할 주위의 세력을 끌어
　　　　들일 때 투쟁을 결정적으로 유리하게 이끌 수 있는 것이다.
　　　　우리 조직이 지원하는 이번 투쟁의 목표는 저임금과 장시간
　　　　노동에서 벗어나 생존권 확보와 직장의 민주화를 통한 인간
　　　　성 회복 및 조합활동 역량강화에 있다. 먼저 조합원 내부상황
　　　　부터 보고하라. 장길석 노동조합장 나오시오!

조합장 장 씨 종이를 들고 나온다.

명일 어, 저건 장 씨 아저씨야!

장 씨 지금까지 세 차례 노사 교섭을 벌였지만 회사측에서 성의를 보이지 않고 있습니다. 현재 핵심 노조원은 간부 포함해서 삼 십 명 정도이고 조립반의 고참들과 포장반 아줌마 남녀 열다 섯 명 정도가 집단행동에 반대하고 있고, 투쟁을 하고 싶으나 겁을 내는 사람들이 아줌마 열 명에 남자 열 명, 아가씨들 다 섯 명이 있습니다. 이 사람들은 월급이 오르고 근무 환경이 좋아진다면 따라올 중간세력이고요. 사무직은 회사측에 불만 은 있지만 투쟁 같은 건 자기 일이 아닌 것처럼 바라만 보고 있습니다. 일부 고참 간부들은 조합을 부정적으로 보고 있고 요.

사나이 우선 조직관리부터 필요하다. 비협조적이고 소극적인 조합원 들의 불만을 주의 깊게 들어서 노조운영에 반영시키고 불만 이 있는 아줌마들부터 노조위원장이 개별 면담하라. 소극적 인 남자들은 명단을 작성하여 개별적으로 이들을 설득하고 퇴근 후 술 한잔을 하면서 노조활동에 참여할 것을 권유하라. 사무직은 가능한 한 핵심 간부들이 집중적으로 접촉하여 끌 어들이되 노조 요구사항에 사무직의 불만을 대변하는 요구사 항도 첨가할 것!

장 씨 핵심 조합원들은 빨리 농성에 들어가자고 합니다.

사나이 노동조합의 최대 무기는 생산을 정지시키는 것, 즉 파업이다! 그러나 파업에 들어가기에 앞서 노동조합의 과격한 모습을 보여줘라. 예를 들어 점심시간에 마당에 나가 드럼통을 굴리면서 시끄럽게 하는 방법, 운동장 바닥에 요구조건을 내거는 낙서, 담벼락에도 낙서를 할 것! 완장을 차거나 붉은 머리띠를 두르게 할 것! 확성기로 구호를 외칠 것! 하지만 의도적으로 과격한 모습을 보이되 절대 흥분해서는 안 된다.

장 씨 그래도 회사측이 교섭의 성의를 보이지 않으면 어떻게 하죠?

사나이 조합원들이 점차 강경한 태도를 보일 무렵 위원장 이하 간부들이 삭발하고 교섭에 임할 것! 그 다음 생산현장을 장악하라! 노동자들이 단결하여 일제히 일손을 멈추면 조금 전까지 요란하게 돌아가던 공장의 기계는 한순간에 소리를 멈출 것이다! 생산이 중단되면 사용자는 물건을 팔지 못하기 때문에 커다란 손실을 보게 된다. 따라서 더 손해를 보지 않기 위해 노동자들의 요구를 받아들이지 않을 수 없게 되는 것이다.

장 씨 얼마 동안이나 파업농성을 해야 됩니까?

사나이 무기한 농성이다. 그러나 노동자들이 철야 농성에 지치지 않기 위해 파업 프로그램을 짜야 한다. 파업의 승패는 얼마나 많은 조합원이 적극 참여하느냐에 달려 있다. 조합원의 적극 참여를 위해서는 파업 프로그램이 재미있어야 한다. 그 프로그램에는 노동자의 조직화, 의식화를 고양시키는 구체적인 내용이 담겨 있어야 한다. 문화부장, 파업 프로그램의 내용을 제시하라!

명일 전체 농성 중간중간에 투쟁과 연결시킨 교육으로 "노동자는 왜 싸워야 하는가?" "노동운동사" 등 교육을 선배 노동자의 경험담 투쟁 사례를 통해 주입시킨다. 3분 토론으로 각자의 의견을 말하게 하고 여흥으로 대동놀이를 가르친다. 풍물과 함께 해방춤, 무당춤, 코스모스 해방춤을 함께 추게 해서 단결을 고취시킨다.

참석자들 북소리와 함께 코스모스 해방춤을 추기 시작한다.
점점 소리가 고조되고 사나이의 목소리도 커진다.

사나이   그 다음 가족들을 농성 현장에 참여시킨다. 염산이 가득 찬 현장, 공해와 위험한 작업조건에서 일하는 남편, 아내들의 고생을 직접 보게 함으로써 투쟁현장에 있는 사람들을 이해하게 되고 동참의 필요성을 깨닫게 될 것이다. 그 다음 단계로 분신이다!

분신 현장을 찍은 필름을 영사기로 보여준다.

사나이   자살조를 편성하라! 일차 분신, 이차 건물 옥상에서 투신, 삼차는 할복, 자살자 및 가족에 대한 보상 뒤처리는 지원조직에서 맡는다!

북소리와 춤 등 분위기가 고조되는 가운데 암전된다.

5장

밤거리, 장 씨와 명일이 함께 등장한다.

장 씨 나도 이렇게까지 일이 벌어질 줄은 몰랐어. 다른 데도 노조를
하니까 우리도 한두 사람씩 말을 하기 시작해서 노조가 생겼
는데 생산반에서 내가 고참이라고 나를 위원장으로 만든 거
야. 그러니 노조를 어떻게 하는지 알아야지. 도움을 청했더니
이렇게 된 거야.

명일 장 씨 아저씨가 노조위원장이 되신 건 잘 된 일입니다. 아버
지와 잘 아시니까요.

장 씨 난 사장님 뵙기가 민망스러워. 하지만 일을 맡은 이상 이젠
발을 뺄 수가 없구만.

명일 그런데 우리 공장 상황이 어떻게 돌아가는 겁니까?

장 씨 기본급이 일요특근을 해야 해. 월급이 낮으니 특근을 안 할
수가 없어. 그런데 작년 일 년 회사 이익금은 10억이 넘는다
는 말이 있어. 당연히 그 이익이 우리에게도 돌아와야 하지
않는가?

명일   그럼요, 그래야지요!

장 씨   나는 파업에 들어가기 전에 회사에서 우리 요구조건을 어느 정도 받아주었으면 좋겠네. 그런데 노사협상을 하자고 하면 겨우 공장장이나 본사 상무가 나와서 얼르고 달래려고만 하지 진지하게 협상에 응하질 않아. 우릴 무시하는 거야. 무식한 것들이 세월 좋아졌다고 노조 만들어 까분다는 거야. 그래, 우리야 무식하지! 그렇지만 세상 돌아가는 거나 남들이 어떻게 사는 것쯤은 분별할 수 있단 말일세.

명일   알겠습니다. 제가 아버지한테 말해보겠습니다. 당연히 노동자의 권리를 찾아야지요!

장 씨   이런 자리에서 명일이를 만날 줄은 몰랐어.

명일   차라리 잘 된 일 아닙니까? 제가 적극적으로 할 역할이 생겼으니까요.

성철, 경식, 인규 온다.

경식   명일이 여기 있었구나! 난 네가 내뺄 줄 알았어.

성철   아, 노조위원장님! 여기서 또 만나는군요.

경식   왜 하필 우리의 첫 사업이 명일이 아버지의 회사냔 말이야.

명일   아니야, 나도 싸울 거야! 비록 내 투쟁의 대상이 아버지라 할지라도, 옳지 않다면 싸워야지. 약자의 편에 서서!

장 씨   사장님 그렇게 나쁘신 분 아니야, 우릴 꽤 걱정해 주시지…….

명일   인간적인 면에서 말하는 건 아닙니다. 그가 한 기업체의 책임자란 점에서 냉정하게 평가할 필요가 있는 거지요! 내 아버지라도!

인규 결국은 명일이가 물려받아야 할 기업 아니냐?

명일 만일 내가 아버지의 기업을 물려받는다면 나는 노동자도 경영에 직접 참여시킬 거다.

경식 브라보! 그런 의미에서…… 갑시다.

인규 우리 가게로 가지, 다른 데선 술 안 팔아, 너무 늦었어.

명일 아저씨 가시죠. 회사 얘기 더 듣고 싶어요.

모두 어깨동무하고 노래하며 퇴장한다.
어느 집에선가 이들을 향해 소리지르는 목소리가 있다.

목소리 야, 이 새끼들아, 시끄러워. 잠 좀 자자!

6장

명일의 집 거실. 전화벨이 울린다. 아버지 가운을 여미며 나온다. 전화 수화기를 든다.

아버지 (전화) 여보세요…… 어, 난데…… 뭐라구?…… 밤에 누가 숙직을 했는데? 내버려두고…… 간부 회의를 소집해요. 일찍 나갈게.

전화를 끊는다. 어머니 나온다.

어머니 새벽에 명일이 들어왔어요.
아버지 어디서 뭘 하고 있다가 이제야 들어온 거야?
어머니 깨어나면 차근차근 물어보세요. 학교는 어떡할 건지.
아버지 당신은 제적 당한 학교를 어떻게 다시 들어간다고 학교 소리를 하고 있나?
어머니 그럼 어떻게 해요?
아버지 나도 모르겠소. 요즘 회사 일로 골치가 아파.

어머니 전화는 뭐예요?

아버지 공장장이 전화를 했어. 밤 사이에 페인트로 공장 벽마다 구호
를 써 났대.

어머니 뭐라구요?

아버지 뭐, 뻔하지. 어디서 학생들 하는 짓은 배워 가지고…… 총단
결하라. 사용자는 각성하라, 뭐 그런 따위지.

어머니 누가 그런 짓을 했대요?

아버지 하, 이런 답답한 사람 같으니. 노조 애들이 그랬지, 누가 그랬
겠어.

어머니 장 씨가 설마 그런 짓을…….

아버지 장 씨가 그랬겠나? 누군가 밖에서 시킨 짓이지…….

어머니 누가 시켜요?

아버지 하, 내가 그걸 어떻게 알어?

어머니 왜 나한테 소릴 지르고 그래요?

아버지 나, 일찍 나가야 할 테니까 명일이 좀 깨워요.

어머니 들어가고 아버지 전화버튼 누른다.

아버지 임 상무요? 난데…… 얘기 들었소? …… 애들이 일 벌이는 것
아니오? 아, 요전에도 별거 아니라고 하지 않았소? …… 그렇
게 안일한 대책으로 어떻게 해결해요? …… 하여튼 알았으니
일찍 나오시오.

전화 끊는데 명일 자다만 듯 바지 여미며 나온다.

명일　늦게 들어와 죄송합니다.

아버지　고생이 심했지? 그래 몸은 어떠냐?

명일　좋습니다.

아버지　술 너무 마시지 말고. 영양가 있는 걸 먹어야지······.

명일　네.

아버지　커피 한잔 할래?

명일　전 좀 자야겠습니다.

아버지　그래······ 학교는 어떡할 거냐?

명일　좀더 두고 생각해 보겠습니다.

아버지　음, 그간 고생했으니 보약도 좀 먹구 푹 쉬도록 해라.

명일　저 아버지 회사에 나가 일하고 싶은데요.

아버지　뭐? 회사에 나가겠다구?

명일　현장 경험을 하고 싶습니다. 복학이 될 때까지라도.

아버지　아, 그거 좋은 일이다만······ 지금 노조 때문에 골치 아픈 일이 있으니까 일이 좀 수습되거든 나오도록 해라, 내가 자리는 마련해줄 테니······.

명일　회사가 어려움에 처해 있을 때 가서 일하고 싶습니다. 그러면 현상을 잘 파악할 수 있으니까요.

아버지　그것도 좋은 생각이다만······.

아버지 너무 좋아서 아들을 본다. 어머니 커피를 들고 나온다.

어머니　너도 커피 한잔 주랴?

명일　아닙니다. 저 잘 겁니다.

아버지 그럼 들어가라. 오늘은 푹 쉬고 내일부터 같이 나가자.

명일 공장일이라도 좋습니다.

아버지 알았다.

어머니 소연이 만나봤니?

명일 아니오. (들어간다)

아버지 그 아이 얘긴 왜 꺼내? 명일인 할 일이 많아요!

어머니 같이 나가다뇨? 공장일은 또 뭐구요?

아버지 핫…… 명일이가 회사에 나와 일을 하겠다는구만.

어머니 학교는 어떡하구요?

아버지 학교, 학교. 그놈의 학교 소리 그만할 수 없어? 여기 대학에서 뭘 배울 게 있어? 대학 공과를 나왔다는 놈을 써 봤더니 기계에 대해서 아는 것이 하나도 없어. 기계 이름만 줄줄 외고 있어. 실습을 했어야지.

어머니 그래서 회사에 나간다구요?

아버지 현장 경험을 하고 싶대요. 하하하, 이제야 뭔가 아는 눈치야. 암, 그런 경험을 했으면 뭔가 깨닫는 게 있어야지. 대학에서 배운 걸 현장에서 적용하는 훈련을 지금부터 쌓아둬야 해.

어머니 대학에서 배우는 게 없다면서요?

아버지 명일이는 경영학을 공부했잖소? 삼 년간을 다녔으면 책은 읽었을 것 아닌가? 대학이라고 다 같은 줄 알아?

어머니 알았어요. 어서 나갈 준비나 하세요.

아버지 핫, 이제사 뭐가 풀리는 것 같구만…… 핫핫.

아버지 안으로 들어간다. 어머니 찻잔 들고 따라 들어간다.

어머니　저렇게 좋아하긴…… 자식이 뭔지…….

7장

오후, 도심의 공원.

민방위 해제 사이렌소리와 라디오의 훈련 통보관의 목소리 들린다.

명일, 층계 맨 위쪽에 앉아 있다. 이소연 뛰어온다.

소연 　오늘 민방위 훈련인 줄 몰랐어.

명일 　아직도 민방위 훈련을 하고 있는 줄 나도 몰랐어.

소연 　거기선 안 해?

명일 　감옥 속에서 훈련을 하면 어떻게 되게? 어디로 대피하니? 지하감방으로?

소연 　언제나 이 소리가 없어질까?

명일 　아마 영원히 없어지지 않을 거야.

소연 　통일이 돼도?

명일 　통일이 되면 지진을 대비한 훈련이 생기든가 할 거야. 아니면 새로운 적을 만들어서 계속하든가…… 그래야 민방위 담당하는 공무원들 먹고 살 수 있을 거 아니야?

훈련이 끝났으니 각자 일터로 돌아가라는 라디오 방송 들리고 침묵.

소연 　왜 날 보자고 그랬어?

명일 　왜 나왔니? 보기 싫으면 나오지 말 것이지……

소연 　전화 목소리가 너무 처량해서 거절할 수가 없었어.

명일 　내가 그렇게 불쌍해졌냐?

소연 　너희들 보기가 딱해.

명일 　너희들이라니? 왜 복수를 쓰지?

소연 　너희 일당들 말이야. 뭔가 모르고 있어. 그 날 너희 집에 전화했을 때 네가 집에 와 있을 줄 알았어. 왜 나오자마자 그 애들하고 또 어울리는 거야?

명일 　그 애들이 어때서? 너도 한때는 그 애들과 한 서클에서 활동했어. 기성체제에 들어가니까 우리가 다 한심해 보이는 거야?

소연 　솔직히 말해서 그렇다. 그 애들한테 장래가 없어! 학교 다닐 때 한때의 정의감으로 우린 휩쓸려 다녔지만 쓸데없는 짓이었어!

명일 　쓸데없는 짓이라니? 어떻게 그런 말을 할 수가 있는 거야? 내가 일 년 반 감옥에 갇혀 있던 것도 쓸데없는 짓이란 말이니?

소연 　네가 들어가지 않아도 될 일이었잖아? 왜 총학생회장이 할 일을 네가 가로막고 나선 거야?

명일 　내가 한 일이 아니라고 부인하기 싫었어. 취조하는 형사 앞에서 책임을 회피하는 꼴도 보이고 싶지 않았고.

소연 그게 너의 영웅주의 때문이지. 네가 책임을 떠맡는다고 총학생회장이 안 잡히니? 결국은 잡혀서 형을 살고 있어. 그 형은 아마 국회의원을 노리든가 정계에 진출할 꿈을 갖고 있을 거야. 그래서 감옥 가는 걸 자기 경력으로 자랑할 거야. 그런데 넌 뭐니?

명일 난 그런 세속적인 일에 관심없어!

소연 그럼 너의 관심은 뭐야?

명일 정의로운 사회를 건설하는 밑거름이 되는 것!

소연 어떻게? 무슨 일을 해서?

명일 혁명으로!

소연 미쳤어! 거기 들어갔다 나오더니 정말 미쳤구나.

명일 미쳤다고 해도 좋아. 하지만 문제는 미친 사람이 나 혼자가 아니라는 거야!

소연 학교 다닐 땐 우리 그런 얘기도 했어. 이 사회의 온갖 부조리를 해결할 길은 혁명밖에 없다고! 그런데 과연 그게 현실로 가능하다고 믿고 그런 꿈을 꾸는 거야? 아니면 낭만이니?

명일 넌 아주 기성체제에 세뇌됐구나.

소연 뭐라고 해도 좋아. 하지만 확실한 것은 이 체제를 떠받들고 있는 각 조직들은 너희들이 생각하는 것보다 더 완고한 기반 위에 있다는 것! 네가 그랬잖아? 민방위 훈련, 이것조차도 영원히 없어지지 않을 거라고!

명일 나더러 무얼 믿으라는 거니?

소연 거기서 빠져나와! 현실을 인정하란 말이야.

명일 나더러 현실과 타협하라고?

소연	때로는 타협도 필요해. 그렇지 않으면 너에겐 장래가 없어! 넌 성철이나 인규 선배하곤 달라!
명일	그 친구들과 나는 한마음이다. 소연, 그 형들은 상처를 입은 사람들이야! 인규 선배는 아버지가 월북했어. 여기선 술집밖에 할 수가 없어. 그리고 성철이, 그 사람은 고아로 자랐어. 책임질 가족도 없구. 거기 애들 다 비슷해! 그래서 더 과격해지는 거야! 상처를 안고 있기 때문에!
소연	넌 무슨 상처를 입고 있니?
명일	이소연이란 여자가 내게 상처를 주었다.
소연	오, 맙소사!

소연, 명일의 두 손을 잡는다.

소연	잊으라는 말 때문에?
명일	내 가슴에 비수를 꽂았어!
소연	나는 장래가 없는 남자에게 내 마음과 몸을 맡길 수는 없어.
명일	그럼 나를 사랑하던 마음은 변하지 않은 거니?
소연	너의 마음은?
명일	항상 그대로지. 지난 이 년간의 세월을 소연이 생각으로 보냈어! 감옥 담벽에다 네 이름을 수없이 새기면서!
소연	사랑은 혁명보다 강한 거야.

8장

카페, 오후.

성철 기타 치면서 노래한다.

성철   (노래한다) 젊은이야, 노래하자. 아름다운 사랑을 위해
오늘은 갈등 속에 괴롭다 해도 우리는 젊다.
사랑이여 어서 오라. 주저하지 말고 나에게
세상은 우리에게 냉정하지만 겁날 것 없다.

아, 돌팔매와 최루탄 연기 속에 눈물을 흘려도
우리는 지칠 줄 모르는 집념의 화신이다.
아, 강의실과 도서관 책더미에 젊음을 묻어도
우리는 타협을 모르는 의지의 사나이다.

인규, 생맥주통 들고 나온다.

인규   의지의 사나이, 나 좀 도와다오.

성철   혁명전야에 맥주통이나 날라야 하는 우리는 뭐냐?

인규   혁명도 좋지만 먹고 살아야 하잖아? 중간시험 끝나면 애들 몰려오기 시작해. 소주 마시던 녀석들이 입이 고급이 돼 맥주만 찾는다고.

성철 입구에서 생맥주통 들고 들어온다.

성철   생맥주나 팔아가지고 언제 혁명 자금이 마련되냐?

인규   혁명을 우리만 하냐? 민중이 있잖아?

성철   민중이 어디 있어? 다 제 밥벌이하고 먹구 살기가 바쁘다. 입으로는 이놈의 세상 한번 뒤집어져야 돼 하면서도 막상 데모대 만나면 "야, 이 새끼들아, 너희들 때문에 장사 안 돼 못살겠다." 하는 게 민중이야.

인규   그런 민중의 의식을 우리가 깨우쳐야지!

성철   넌 생맥주나 팔고 나는 노래나 하면서?

인규   너 왜 오늘 이렇게 빈정대냐?

성철   갑자기 내가 장차 뭐가 될지 암담한 생각이 들어. 학교도 제적당해 취직할 수 없어. 더구나 애인 하나 없으니…….

인규   여기 오는 애들 중에 하나 골라라, 네 노래 넋을 잃고 쳐다보는 골빈 아이들 있잖아? 될 수 있는 한 못생기고 돈이 많은 집 딸로.

성철   그런 애가 있냐?

인규   내가 골라줄게. 그런 방법으로 혁명자금을 모금하는 수도 있다.

성철   결국은 내 몸을 담보로 하란 말이군.

인규   너한테 몸 하나밖에 쓸 만한 게 있니?

명일, 양복에 넥타이 차림으로 들어온다.

성철   야, 완전히 세련된 기성복이구나.

명일   웨이터, 위스키 온더럭스.

인규   예 써!

명일   상류사회 흉내 내보는 것도 괜찮더군.

성철   아주 그 길로 가는 것 아니냐? 소연이처럼?

명일   소연이는 자기 나름의 확신이 있어.

성철   기성 질서에 안주하는 확신이겠지.

명일   어쨌든 확신을 갖고 있다는 건 인정해 주자.

인규   회사에 나가봤더니 어때?

명일   근로조건이 그렇게 좋은 편이 아니고 그렇다구 다른 업체에
비해 나쁜 것도 아니야.

인규   야, 벌써 사용자 편에 서서 양비론을 내세우는 거냐?

명일   나는 짧은 시간이지만 내가 알게 된 현상을 말하는 거야. 내
일 공장 현장근무를 자원했어. 노동자의 주장을 좀더 현장에
서 들어야지.

경식 급히 들어온다.

성철   어떻게 됐니?

경식	명일이 와 있구나. 오늘밤이야.
인규	오늘밤?
명일	뭐가?
경식	오늘밤 야간 작업조가 사업장을 점거하고 농성파업에 들어간다!
명일	안 돼! 아직 협상의 여지는 남아 있어. 내가 내일 현장에서 노동자의 요구를 들어 아버지한테 협상하도록 주선할 거다.
경식	늦었어. 농성파업 시나리오는 이미 짜여 있는 거야.
명일	그들이 뭔데 남의 사업장 파업을 지시하는 거야?
성철	야, 박명일. 너 어떻게 된 거야? 우리의 목표는 일개 공장이나 회사가 아니야, 혁명이야! 아버지를 타도하겠다던 기백은 어디 갔어?
명일	혁명?
인규	그래, 넥타이를 매더니 벌써 잊었니?
명일	사용자와 노동자가 함께 망하기 위해서 이 일을 시작했던 건 아니다!
성철	그러나 파괴없이 건설은 없는 것! 파괴해야 돼! 부숴야 돼!
경식	모조리 때려부수는 거다. 그 위에 새로운 질서를 세우는 거다.
인규	혁명이다! 혁명의 깃발을 휘날려라!
일동	혁명, 혁명, 혁명!

명일이를 둘러싸고 모두 발을 구르며 주먹으로 탁자를 두드린다. 명일이도 점차 그 리듬에 맞춰 손을 휘두르며 발을 구른다.

9장

밖에선 목소리가 계속 울린다.

공장 사무실.

명일, 아버지와 등장한다.

아버지 하루 2교대를 한다. 그렇다고 이 사람들이 12시간을 일만 하는 줄 아니? 밥 먹는 시간, 담배 피우는 시간, 변소 가는 시간 빼면 몇 시간 기계 앞에 붙어 있는 줄 알아? 그런데 3교대에 8시간만 일하게 해달라고?

명일 그렇지만 법정 노동시간은 8시간입니다.

아버지 법정 노동시간? 여기가 미국인 줄 알아? 우리 같은 중소기업이 수출품 가격 경쟁력을 가지려면 하루 24시간 일해도 모자랄 판이다. 거기다 8시간 노동에 임금 38퍼센트 인상해 달라고? 함께 다 망하자는 거야?

명일 하지만 작년 우리 회사 순이익이 10억이 되는 걸로 아는데요? 그 이익의 일부는 노동자의 몫이 아닙니까?

아버지 넌 지금 누구 편에 서서 얘기하는 거냐?

명일 아버지, 10년 전만 해도 아버지 말씀대로 구멍가게 같던 공장이 이 정도 규모로 커지고 회사 매출액도 연간 60억에 이르게 된 것, 결국 노동자의 임금착취로 그렇게 된 거 아닙니까?

아버지 뭐가 어째? 임금착취?

명일 생산부서에는 평균 기준 임금에도 미달하는 부녀자들이 많습니다.

아버지 내가 그래서 노동자들 임금 떼어먹었다는 얘기야?

명일 우리 회사가 크기까지 그들의 희생이 컸다는 말입니다. 이젠 그 사람들에게도 인간적인 삶을 살도록 보상해야지요.

아버지 내가 널 그런 교과서 같은 얘길 내게 하라고 대학 보낸 줄 알아? 인간적인 삶이라고? 너의 부모는 언제 인간적인 삶을 살면서 너희들 낳고 공부시킨 줄 아니? 일제 때의 고통, 8·15 해방, 6·25 전쟁 그 고통을 전부 겪으면서 입에 겨우 풀칠하고 생존하는 것만으로도 고마워하면서 살아왔어. 인간적인 삶이라구?

명일 아버지, 과거는 이미 지나간 역사구요. 오늘의 현실에 맞게 대응을 해야지요. 언제까지 옛날에 고생했던 얘기만 하시면서 노동자들에게 너희도 이런 고통쯤은 참으라고 할 수 있습니까?

아버지 좋다. 과거 얘긴 안 하마. 당장의 얘기만 하자. 그래 작년에 순이익이 10억 가까이 생겼다. 이익이 생긴 건 재작년부터다. 그 전 해에는 적자였어. 그 전전 해도, 회사가 적자라고 일하는 사람들 월급 안 주니? 난 아무리 회사 형편이 나빠도 월급은 제때에 주었다. 10억 이익이 생겼다고 다 나누어주면, 내

년에 적자가 생기면 무얼로 메꿔? 월급을 깎을 수 있냐? 주던 보너스 안 줄 수 있냐? 2, 3년에 한 번씩 기계 새로 들여놔야 돼. 그건 무슨 돈으로? 수출 계속하려면 새로운 기술을 들여와야 되고 새 제품 개발비를 들여야 돼! 무슨 돈으로?

명일 그러니까 기업경영을 공개하세요.

아버지 기업 공개? 말은 좋다. 노동자들이 5년 후 10년 후를 내다보는 줄 아니? 당장 잘 먹구 잘 입을 것만 생각한다. 돈 좀 생기면 집은 없어도 차부터 사서 놀러다닐 궁리만 한다. 그게 사용자와 노동자의 생각이 다른 점이야!

명일 아무리 일해도 집을 살 희망이 없으니까요!

삭발하고 머리에 붉은 띠를 두른 채 장 씨 들어온다.

장 씨 여기 계셨군요.

아버지 장 씨, 잘 왔어. 당신 내게 이럴 수 있는 거야?

명일 아버지, 이 분은 노조대표십니다.

장 씨 사장님, 시간이 없습니다. 사장님이 협상에 직접 나오셔야 합니다.

아버지 머리 깎은 놈들하고 앉아서 너희들 북치는 소리 들으며 무슨 협상을 해? 난 중역들한테 모두 위임했으니까 합의하든 안 하든 마음대로 해.

장 씨 그러시면 안 됩니다. 큰일이 벌어집니다.

아버지 나한테 지금 협박하는 건가?

장 씨 사장님, 저는 사장님의 은혜는 잊지 않고 있습니다. 그러나

제 입장이…….

아버지 그러니까 자네가 적당히 합의하면 될 거 아닌가?

장 씨 제 마음대로 협상을 할 수가 없습니다.

아버지 자네가 위원장이라면서 왜 안 돼?

장 씨 저 혼자 협상에 합의하면 전 린치를 당합니다.

아버지 무슨 소리야? 린치를 당하다니? 누구한테?

장 씨 아드님이 잘 아십니다.

아버지 네가 뭘 알고 있냐?

장 씨 누군가 죽습니다. 건물 옥상에서 몸에 불을 붙이고 뛰어내릴 겁니다.

아버지 뭐라구?

명일 아버지, 이번 파업은 우리 회사만의 문제가 아닙니다. 전체 노동자의 문제로 확산될 것입니다. 아버지가 저들의 요구를 들어주지 않으면!

아버지 안 돼! 난 절대로 양보 못해! 공장문을 닫으면 닫았지.

아버지 나가버린다.

장 씨 사장님이 저러시면 안 되는데!

명일 어떻게 하면 좋습니까?

장 씨 상황이 점차 험악하게 돌아가, 나도 어쩔 수 없어! 이렇게 될 줄은 몰랐는데…….

명일 분신부터 막아야 합니다.

장 씨 차라리 내가 죽어야지! 내 밑의 아이를 죽게 할 수는 없어!

장 씨 나간다. 명일 쫓아나간다.

명일   시간을 끌어보세요. 제가 아버지를 설득할 테니……

북소리가 점차 고조되고 있다.

10장

파업 현장.
한복에 머리에 붉은 띠를 두른 인규, 성철, 경식 북을 두드리며
농성자를 격려, 지휘하고 있다. 박수소리와 함성, 구호소리가
요란하다.

구호   노동자는 단결하라, 단결하라. 사용자는 각성하라, 각성하라.
노동자도 인간이다. 노동조건 개선하라, 개선하라!

슬라이드 또는 필름을 배경막에 투사해도 좋다.
뒤쪽 옥상 위에 장 씨 몸에 신나를 뿌리고 나타난다.

목소리   노조위원장이다! 위원장이 분신한다!

장 씨 우뚝 선 채 손을 쭉 펴서 라이터를 켠다. 작은 불꽃이 보
인다. 라이터를 끈다.

명일 아버지, 지금 이러고 있을 때가 아닙니다. 보십시오. 장 씨가 분신을 하려고 합니다.

아버지 저놈의 자식이 나한테 이렇게 은혜를 갚아? 배은망덕한 놈!

명일 노동자와 경영자는 주인과 하인 관계가 아닙니다. 은혜를 입고 은혜를 베푼다는 그런 사고방식은 이젠 버리셔야 합니다!

아버지 네가 날 가르치는 거냐?

명일 모르면 배우셔야죠! 현대사회는 아버지가 살던 사회와 다릅니다!

아버지 그래서? 웃어른도 아랫사람도 없단 말이야?

명일 웃어른이 어른 노릇을 옳게 해야지요!

아버지 뭐가 어째?

명일 보세요. 장 씨 아저씨는 배우진 못했지만 자기 밑에서 일하는 직공이 분신을 자원하니까 책임을 자신이 지겠다고 직접 나선 겁니다.

아버지 내게 겁을 주려고? 내가 그런 속임수에 넘어갈 줄 알고? 어디 한번 불을 켜 보라지!

장 씨 손에 든 라이터를 켠다. 작은 불꽃.

명일 안 돼! 아버지, 이건 장난이 아닙니다. 이번 농성파업 모든 절차를 장 씨 혼자서 결정한 게 아닙니다. 뒤에는 조직이 있습니다. 장 씨도 거스를 수 없는 조직이요!

아버지 뭐라고? 조직?

명일 분신하라는 명령이 내렸으면 장 씨는 죽어야 합니다.

아버지 너는, 너는 도대체 뭘 더 알고 있는 거냐?

명일 아버지, 저도 그 조직의 일원입니다!

아버지 (비틀거리며) 네가? 내 아들인 네가?

명일 어서 모든 요구 조건을 들어준다고, 협상하겠다는 선언을 해 주십시오!

아버지 네가 다 해라! 이 회사는 네 것이니까. 나는 끝났다.

아버지 비틀거리며 나가다 쓰러진다.

명일 (소리 지른다) 노조위원장! 사장님이 요구조건을 모두 들어주기로 했습니다. 내려오세요!

장 씨 라이터를 끈다. 목소리와 승리의 함성. 그런데 그 순간 장 씨의 몸에서 불꽃이 튀기며 긴 비명과 함께 건물 뒤로 떨어진다. 북소리와 함성이 멈춘다. 일순 정적!

명일 (부르짖는다) 안 돼요. 아저씨!

11장

병원.

어머니를 한태욱과 명순이 부축하고 나온다.

어머니 내가 이럴 줄 알았어. 자나 깨나 회사 하나 살릴 궁리만 했지,
당신 몸 생각을 한 양반인가? 혈압이 높다고 의사가 좀 쉬라
고 해도 일하는 게 이 양반 쉬는 거야. 이렇게 쓰러질 줄 알았
어. 사장이라면 남들은 골프나 치며 놀아가면서 일을 한다는
데…… 이 양반은 노는 걸 몰라. 그저 자나 깨나 회사일 걱정
뿐이었다.

한태욱 위험한 상태가 아니라니까 너무 걱정하지 마십시오, 어머니.

어머니 회사가 이 지경이 됐으니 깨어나도 걱정 아니니?

명순 아들이 있는데 무슨 걱정이우? 명일이가 알아서 수습하겠지.

어머니 명일이가 뭘 알겠냐? 회사에 나간 지도 얼마 안 되는데.

명일이 등장한다.

명일 아버지는 어떠세요?

명순 위험한 고비는 넘기셨다.

한태욱 도대체 어떻게 된 일인가? 파업한다는 말은 들었지만 이렇게 까지 일이 벌어질 줄은 예상 못했어.

명일 아버지 책임입니다! 미리 노조와 협상에 임했으면 노동자들도 이렇게까지 과격한 행동을 하지 않았을 거예요. 아버진 뒤에 물러서서 중역들더러 파업을 막으라고만 했으니 실권이 없는 회사 간부들이 뭘 할 수 있겠어요?

어머니 그래, 다 아버지 잘못이다.

명일 장 씨가 분신하겠다고 나서는데도 아버진 끝까지 양보를 안하시는 거예요. 이 공장은 내가 세운 공장이니 문을 닫는 한이 있어도 타협을 안하시겠다고 우기셨어요. 도대체 아버진 현실을 인정하려 들지 않는 겁니다. 지금은 시대가 달라졌어요. 노동자도 사람 대접을 받으며 일을 하고 싶어합니다. 단순히 일하는 기계가 아닙니다.

한태욱 노동자 대표 같은 소릴 하고 있군.

명순 그래서 아버지하고 싸웠니? 사람들 얘기 들으니까 아버지가 너하고 같이 있다가 쓰러지셨다더라.

명일 내가 회사를 맡을 테니 아버진 물러나라고 했습니다.

어머니 네가 그랬니?

명일 낡은 세대는 물러나야 합니다. 아버지는 이젠 새 시대가 필요로 하는 인물이 아닙니다.

한태욱 느닷없이 명일의 뺨을 후려친다.

한태욱 뭐? 이 시대가 필요로 하는 인물이 아니라구? 아버지를 그런 식으로 매도할 수 있는 거야? 너희들만 필요한 인물이냐? 너희들이 뭘 했길래? 데모밖에 더 했어? 이 나라를 지키고 세계의 대열에 이끌어올린 게 누군데? 학생들이냐? 개미처럼 일밖에 할 줄 모르던 아버지 같은 기성세대들이다. 기성세대가 모두 잘했다는 건 아니야, 과오가 많았지. 그러나 그 과오조차도 우리가 모두 함께 짊어지고 치유해야 할 상처이지, 너희들의 책임이 없다고 발을 뺄 수는 없는 거야! 네 아버지를 부인하는 것은 곧 네 존재 자체를 부인하는 것이다. 너는 하늘에서 떨어져 내린 자식이냐?

어머니 무언가 자식에게 물려줄 것만 생각하면서 일만 하신 너의 아버진 이제 어디로 가니? 이북에서 내려오셨으니 돌아갈 고향도 없으시다. 사회서도 비난받고 자식들에게도 내몰린 아버진 이 날까지 무얼 위해 사셨니?

어머니가 울자 명순, 어머니를 안고 안으로 향한다.

명순 자식은 다 소용없다니까, 그래서 우리가 아기 안 갖는 거야. 이제 알겠수?

명일이 따라가려 한다.

명순 넌 어디 가니?
명일 아버질 뵈어야겠습니다.

어머니 이제 와서 아버지 찾을 것 없다. 네 일이나 해라!

명순과 어머니, 명일이를 남기고 퇴장한다.

한태욱 나한테 맞은 게 억울하니? 너 같은 놈 아무도 때리는 사람이 없으니 내가 때린 거다. 세상을 한 가지 색깔로만 보지 말아라. 과거에서 배우되 과거를 단절하지 말아라. 과거는 네 몸 속의 피와 같은 것이다. 언제나 흐르고 있지만 보이진 않아. 상처가 날 때만 보인다.

명일이를 혼자 남기고 한태욱 들어가 버린다. 소연 등장한다.

소연 아버지는 어떠셔? 왜 그래? 무슨 일이야?

명일 아버지는 나 때문에 저렇게 되셨어.

소연 위독하신 거야?

명일 아직은 몰라.

소연 노조위원장이 의식이 돌아온 모양이야, 명일이를 찾아.

명일 내가 알 수 없는 것은 왜 장 씨가 몸에 불을 붙였느냐는 거야. 협상 조건을 다 들어주겠다고 분명히 말을 했는데…… 왜?

무대 한쪽으로 흰 붕대로 온몸을 흉측하게 감은 장 씨 침대에 실려 나온다. 얼굴 일부분만 노출돼 있다. 명일, 소연 침대로 간다.

명일	아저씨, 저예요. 명일이에요. 알아보시겠어요?
장 씨	음…… 명일이…….
명일	아저씨, 왜 그랬어요? 협상이 성공했는데 왜 불을 붙였어요?
장 씨	내가…… 내가…… 안 그랬어…….
명일	네? …… 뭐라구요?
장 씨	누가 성냥불을 던졌어…… 으으…….
명일	누가요? 누가?

명일 장 씨를 흔들며 묻자 소연, 명일이를 떼어낸다.

소연	명일 씨!
명일	(신음 같은 비명) 아! 이 자식들을 죽여버리겠어!

명일, 뛰어나간다.
소연, 뒤따라 나간다.

| 소연 | 어딜 가는 거야? |

12장

카페.

성철, 인규, 경식, 사나이를 둘러싸고 술잔을 든 채 노래 부르고
있다. 이미 상당히 취한 상태다. 음조가 엉망인 채 고래고래 소
리지르며 노래한다.

아, 긴머리 아가씨 치마폭에 사랑을 흘려도
우리는 지칠 줄 모르는 집념의 화신이다.
아, 포장마차 대폿집 술잔 속에 젊음을 묻어도
우리는 타협을 모르는 의지의 사나이다.

크게 웃으면서 술잔을 높이 든다.

사나이 동지들이야, 축배를 들자, 우리의 승리를 위하여!

축배 어쩌고 떠들면서 잔을 높이 들어 부딪치는데 명일, 소연과
함께 들어선다.

경식   아, 명일아, 잘 왔어.

성철   네가 올 줄 알았어.

인규   우리의 호프 박명일을 위하여!

사나이   동지, 수고했소. 우린 승리했소.

명일   뭐가 어째? 이 살인자!

명일 사나이에게 달려든다.

사나이   어어.

성철   명일아, 왜 이래?

말리려고 하는 친구들을 뿌리치며 사나이를 때려눕힌다.

소연   그만, 그만해!

명일 돌아서서 취해 어리벙벙해 있는 친구들을 본다.

명일   바보 같은 자식들, 우리가 무슨 짓을 했는지 알아?

성철   뭐?

이때 건장한 형사 두어 명 들어온다.

형사1   마침 다 모여 있었군.

인규   뭡니까?

형사2 벽으로 붙어서!

능숙한 솜씨로 벽으로 밀어붙인다. 형사가 명일이와 소연이를 민다.

형사1 그 친구 놔 둬. 박 사장 아들이야.

명일, 소연이를 잡아 한쪽에 비켜선다.

형사2 (쓰러져 있는 사나이를 일으켜 세우며) 이건 누구야? 엉망이군.

형사1 아, 그 친구 또 나타났군. 공동묘지서 땅 파는 녀석이야.

성철 왜 이러십니까? 우리가 뭘 했다구?

형사1 뭘 했는지 몰라?

경식 술 취해서 노래 부르는 것도 죄가 됩니까?

형사2 (벽에 혁명 포스터를 떼어내며) 뭐? 너희들이 혁명투사야? (머리를 돌아가며 쥐어박는다. 애들 야단치듯 모멸스럽게)

형사1 혁명 좋아하네.

형사2 웃기고 자빠졌군, 너희들! 혁명이 뉘집 강아지 이름인 줄 알아? 어서 나가!

사나이, 인규, 성철, 경식의 뒷덜미를 양손으로 잡아 끌고 나간다. 이 장면은 지금까지 유지해오던 톤을 완전히 뒤집어놓는 블랙코미디여야 한다. 명일과 소연 둘만 남아 있다.

소연   이제 우린 뭐하지?

명일   혁명!

소연   뭐? 또 혁명이야?

명일   사랑의 혁명.

소연   사랑의 혁명은 어떻게 하는 건데?

명일   오늘밤 집에 안 들어가는 거야.

소연   그래서?

명일   우리 둘이 결혼하는 거지, 호텔에서 혁명적으로!

소연   좋아, 혁명하자! 나도 각오했어.

두 사람, 와락 끌어안고 입술을 마주댄다. 그러다 명일 관객을
의식한다.

명일   (관객에게) 키스하는 거 처음 봐요?

막.

천하대장군 지하여장군

막이 열리면 동네 앞산 언덕, 멋지게 구부러진 소나무가 한 그루 왼쪽에 서 있고 좀 떨어진 곳에 천하대장군, 지하여장군 두 장승이 삐뚜름히 관객을 마주하고 있다.

때는 초가을, 해가 서산으로 막 저물어 어둠이 깔리는 황혼 무렵. 어디선가 마른 벼락이 치는 소리가 들린다. 세찬 바람이 나뭇가지를 흔든다.

대장군   어디서 무너지는 소리가 들린다.

여장군   하늘이 내려앉는 소리? 땅이 갈라지는 소리?

대장군   무언가 무너져 내린다. 사람들이 세운 석탑이 무너져 내린다. 개미떼처럼 매달린 사람들이 허공을 딛고 떨어져 내린다. 옷 입은 사람, 벌거벗은 사람, 웃는 사람, 우는 사람, 모두 함께 떨어져 내리고 있어. 그런데 사람들은 자신이 떨어져 내리고 있는 줄을 몰라.

여장군   너무 오래 허공에 매달려 있었기 때문이지…….

대장군   어디서 무너지는 소리가 들린다. 그런데 사람들은 그 소리를 듣지도 못하나 봐.

여장군   너무 오랜 동안 울다 웃다가 제 목소리에 취해 있기 때문이지. 하하…….

갑자기 환해진다. 나뭇가지 사이로 달이 떠오르고 있다. 이때까지 서 있기만 하던 장승이 움직인다.

대장군   이제 우리들이 활동할 시간이야.

여장군 달이 떠 있을 동안만.

대장군 인간이 꿈꾸고 있을 동안만…….

여장군 우리가 인간의 꿈을 만들어냈다는 사실을 저들은 잊고 있어. 단지 인간이 우리 장승을 만들어냈다는 사실만 기억할 뿐.

대장군 그래도 우리가 저들의 기원의 대상일 때가 있었지.

여장군 저들의 길잡이였고, 안내자였고 이정표였지.

대장군 우리가 없었으면 저들은 길을 잃고 헤맸을 거야, 오래도록.

여장군 아직도 헤매고 있는 걸? 저들이 사는 꼴을 봐.

대장군 아직도? 저들은 이미 저들의 신을 발견했는데?

여장군 저들에게 신은 없어, 이미 저들 자신을 신이라고 생각하니까. 그래서 수많은 신들이 인간들 사이에서 신음하고 있는 중이야.

대장군 신음 소리가 들려, 누군가 길을 잃고 헤매고 있어. 목적을 잃은 신의 신음 소린가?

여장군 쉬, 조용히, 누가 오고 있어.

대장군 이 시간에 우리에게 오는 사람이라면 잠 못 이루고 길을 잃은 가련한 인간이겠지.

여장군 나를 찾는 인간, 잠잘 곳을 찾아 헤매는 인간, 어서 와, 쉴 곳을 주지.

밧줄을 손에 든 사나이 등장한다. 소나무 밑에 서서 소나무 가지를 올려다본다. 장승들은 제자리에 서 있다.

정재민 인간이 삶을 어떻게 살아갈 것인가 선택할 수 있듯이 우리는 죽음을 어떻게 맞이해야 할까를 선택할 권리가 있습니다. 어느 과학자가 말했지요. 죽음은 우주의 한 지점에서 다른 지점으로 이동하는 것뿐이라고, 그렇다면 우리의 육체는 다른 원소로 바뀌어 정신과 함께 우주의 다른 지점으로 이동하는 것이라고 할 수 있겠지요. 나는 지금, 여기 이 지점에서 우주의 다른 지점으로 이동할 준비를 하고 있습니다. 거기에는 내 사랑하는 아내와 자식이 나를 기다리고 있다고 믿기 때문입니다. (격정적으로) 그렇지 않다면, (악쓰듯 소리친다) 나는 인간을 창조한 신을 원망할 것이다! 만일 신이 있다면!

손에 든 밧줄을 나뭇가지에 던져 거는 동작을 취한다.

여장군 봐, 나를 찾고 있어. 그래, 어서 목을 걸어. 내가 쉴 곳을 마련해 주지.

대장군 잠깐 기다려!

사내는 장승의 소리를 듣지 못한 듯 밧줄에 올가미를 한다.

대장군 넌 아직 죽을 때가 되지 않았어.

사나이 밧줄을 목에 건다.

정재민 여보, 성호야 내가 간다.

대장군 안 돼!

장승의 부르짖음과 함께 사나이 목을 매달고 불이 꺼진다.

잠시 후 불이 들어오면 여장군이 사내의 시체를 끌어내린다.

여장군 이제부터 너는 편하게 쉬게 될 거야.

대장군이 그의 품에서 종이를 꺼낸다.

대장군 난 이 자를 알아, 오래 전부터.

여장군 그건 뭐지?

대장군 이 사람의 유서!

여장군 사람이 죽는데 무슨 이유가 필요할까? 매일매일 수없이 많은 사람이 태어나고 또 죽어가는데?

대장군이 유서를 펴든다.

대장군 생사의 차이가 이리도 간결한 것을 무던히도 애를 쓰며 살아 왔습니다. 하늘이 지워주신 짐의 무게와 고뇌의 깊이를 용케 도 감내하더니 자그마한 행복의 기억들과 함께 이제는 모든 짐을 벗겨주십니다. 험한 삶을 위로하던 처자는 모질게 살다 희망의 입구에서 스러지고 차마 혼자 간직할 수 없는 추억들 만 남겨주었습니다. 세상을 붙잡으려다 처자를 버리고 이제 는 처자를 부여안기 위하여 세상을 버리려 합니다. 불행한 사 람의 삶에 뛰어들어 고생만 하던 고마운 아내, 아들의 뒤를 따라 다시 강으로 뛰어들었다는 아내처럼 저도 처자를 찾아

떠나려 합니다.

여장군　아직도 가슴이 따뜻해……. 왜 서둘러 죽으려고 했지?

대장군　이 사람에겐 혼자 남아 삶의 고통을 이겨내기엔 짐이 너무 무거웠는지 모르지.

여장군　삶의 무게가 그렇게 무거운 것인가?

대장군　이 세상에 태어났다는 자체가 인간에겐 형벌이 됐거든…….

여장군　이 땅에서 여자로 태어났다면 형벌일 수도 있지. 그래서 지하를 관장하는 나처럼 어둠 속에 묻혀서 영원히 지상의 것들을 저주하면서 살고 있지…….

대장군　하늘 아래, 땅 위의 것들을 관장하는 나는 슬픔을 모르는 줄 아나? 나는 어둠 속에 숨을 수도 없어. 저들의 삶을, 그 고통을 지켜봐야 해. 여기서 속수무책인 채 바라만 보면서…….

여장군　이 사람을 안다고?

대장군　알지, 내가 저 쓰레기처럼 버려져 있는 인간 중에는 유일하게 희망을 갖고 지켜보던 젊은이야.

여장군　희망을 갖던 인간이라면 흥미가 있군 그래. 이봐요, 젊은이, 일어나봐.

대장군　이 사람을 일으켜 세워 무얼 하려구?

여장군　이 젊은이에게 일어난 땅 위의 일들을 듣고 싶어. 오늘밤은 어쩐지 나도 잠이 올 것 같지 않아, 저렇게 달이 밝으니…….

대장군　이봐, 젊은이, 말해주게. 지상에서의 너의 사랑을!

여장군　그리고 너를 죽음에 이르게 한 것이 무엇인가도.

스크린에 육사 생도들의 늠름한 행진 모습이 보인다. 악대의 음

악과 구령 소리와 군화 발자국 소리, 밝고 건강하게……. 고등
학생 제복의 정재민 신나서 등장한다. 유 교감 등장.

정재민　선생님, 저 사관학교에 가기로 결심했습니다.

유 교감　사관학교? 왜 사관학교야? 자네 실력으론 일류 대학에 진학
할 수 있는데?

정재민　학비를 감당할 자신이 없습니다. 부모님의 능력을 생각해도
그렇고요.

유 교감　아르바이트를 해서 학비를 버는 방법도 있어. 잘하면 장학금
을 받는 길이 생길 수도 있고…….

정재민　저 아르바이트를 하면서 고등학교를 다녔지만 애들 가르치는
데 시간을 너무 뺏겨요. 대학에 가면 더 공부를 해야 하는데
그런 시간이 아깝기도 하구요. 장학금은 저보다 더 공부 잘하
는 학생이 있으면 제게 차례가 오겠어요? 돈 벌면서 대학 다
니긴 너무 힘들 것 같아요.

유 교감　그러나 사관학교는 학문을 공부하는 데가 아니야.

정재민　알고 있습니다. 그러나 거기서도 학구파가 있다고 들었어요.
유학도 보내주고 대학원에 진학할 길도 있다던데요?

유 교감　그런 길도 있긴 하지……. 그러나 어쩐지 자네한테 사관학교
는 어울리지 않는 것 같아서 말이야…….

정재민　선생님, 저 뭐든지 해낼 자신 있습니다. 어차피 군대도 한 번
은 가야 하는데 장교로 간다면 얼마나 더 멋있습니까?

유 교감　부모님은 찬성하시나?

정재민　제 결정을 따라주실 겁니다. 아마 제가 사관학교에 들어가면

한시름 놓으실 거예요. 부모님한테 시험을 쳐서 합격한 다음
에 말씀 드리려고 합니다.

유 교감 그건 왜?

정재민 벌써부터 제 진학에 대해서 걱정하시고 계신데 사관학교에
간다면 부모들이 능력이 없어 제가 이러는가 하는 생각을 혹
시라도 가지실까 봐요.

유 교감 그래, 알았어. 넌 합격할 거야. 머리도 신체조건도 대한민국
규격품이니까, 핫…….

즐겁게 웃으며 유 교감 퇴장한다.
책상에 장교 한 사람 앉아 서류를 보고 있다. 정재민 그 앞에 가
서 부동자세로 선다.

정재민 천칠백오십육번 정재민입니다.

장교 (올려다본다) 음, 정재민 군……. 필기시험 성적이 우수하군.

정재민 감사합니다.

장교 정 군, 정영석이라는 친척을 아나?

정재민 네? 정영석? 잘 모르겠는데요? 저희 아버님 함자는 길자 석
자십니다.

장교 정 군의 큰아버지 성함이야.

정재민 큰아버지가 계시다는 말씀은 들었지만 오래 전에 돌아가
신…….

장교 돌아가신 게 아니라 월북했어.

정재민 네?

장교　네가 어렸을 때니 모르겠지. 아무도 말을 안 해줬을 테고⋯⋯.

정재민　그런데 그게 저와 무슨 상관이 있습니까?

장교　유감스럽게도 상관이 있어. 우린 자네 같은 머리 좋은 장교를 원해. 군인이라고 꼭 전투만 하는 전사만 필요로 하는 건 아니야. 전술, 전략을 수립할 수 있는 전문적인 장교가 필요하지. 또한 고도로 정교한 첨단과학 무기를 관리하고 개발할 수 있는 두뇌도 필요로 한다. 그런데 만일 네가 그런 고급장교로 임관이 됐다고 치자. 만일 북에서 네 사촌 형제가 너를 포섭하기 위해 남파된다고 하면? 그럼 어떻게 되겠나?

정재민　그럴 리가⋯⋯.

장교　국가의 안위를 책임 맡는 군은 그 만일의 하나를 경계해야 한다.

정재민　그렇지만 어떻게 그런 걸 알고⋯⋯.

장교　적은 우리 군의 사령관급 이상의 고급장교 하나하나의 신원을 파악하고 있다고 봐야 한다. 특히 중요한 포스트의 장교는⋯⋯. 만일에 말이다, 네가 장교로 중요한 위치에 있을 때 네 사촌형이라는 사람이 재일 교포로 가장하고 나타나 네게 접근하면 너는 어떻게 할 거지?

정재민　그의 언동을 살펴서 수상하면 고발해야지요.

장교　네 사촌형제인데도?

정재민　국가 이익에 반하는 행동을 한다면 할 수 없지요.

장교　형제를 고발하기 전에 너도 갈등을 느낄 테지? 적은 너의 그 갈등 사이를 비집고 들어올 것이다. 그들이 너를 포섭하지 못하더라도 너를 파멸시키는 것은 간단하다. 너를 물고 들어가면 되니까. 그렇게 되면 국가가 한 고급장교에 쏟아부은 인적, 재정적 지원에 막대한 손실을 입게 된다. 내 말 알겠나?

정재민　그럼, 저는······?

장교　유감스럽게도 우린 너를 합격시킬 수가 없다.

어머니와 정재민.

정재민　왜 진작 말씀을 안 해주셨어요?

어머니　그게 무슨 자랑이라고 너한테 말해주겠니? 우린 네가 사관학교에 지원할 줄은 꿈에도 몰랐다.

정재민　그래도 큰아버지에 관한 일인데 그쯤은 제가 알고 있었어야죠.

어머니　너 낳기도 전에 일인데, 우리도 다 잊어버리고 있던 일이야. 그런데 아직도 그 망령이 살아 있다니······ 믿기지가 않는구나.

정재민　큰아버진 왜 월북하셨습니까? 공산주의자였나요?

어머니　어떻게 큰아버지가 공산주의자가 될 수 있겠니? 할머니를 따라 형제분이 6·25때 월남하셨는데, 그쪽이 싫다고······ 여기서 군대 생활도 다 마치셨다.

정재민　그런데 어떻게?

어머니　제대하고 네 큰아버진 도장 파는 기술을 배워서 조그만 도장포를 차렸다. 네 아버진 대학에 진학하셨고······ 큰아버지가 학비를 대주신 모양이다. 동생만은 공부를 시키겠다고······

내가 너의 아버지를 만난 건 그때다. 우리 집에서 하숙을 하셨지…… 큰아버진 고향 색시를 만나서 따로 살림을 차리고 있었다. 가끔 동생의 하숙방에 찾아오곤 했지. 말이 없고 조용한 분이셨어.

정재민 그런데요?

어머니 뒤에 들은 얘기다만 고향 친구분이 큰아버지를 찾아오셨는데…… 그 분이 큰아버지에게 고무도장을 하나 파 달라고 부탁하더란다.

정재민 도장요?

어머니 인공기가 그려진 도장을…….

정재민 그럼 그 친구라는 분이 공산주의자였나요?

어머니 그런 모양이다.

정재민 왜 거절을 못했지요?

어머니 그걸 나도 모르겠다. 왜 그런 도장을 새겨줬는지…… 하여튼 그 후 그 친구가 잡혔고, 도장을 새겨준 네 큰아버지도 잡혀들어갔다. 박정희 대통령 때니 오죽 심했겠니? 나중에 나왔는데 어찌나 심하게 맞았는지 온몸이 어느 한 군데 성한 데가 없더구나. 아무리 조사해 봐도 친구 부탁으로 도장 새겨준 죄밖에 없어 풀려나셨지만, 그 후로 사람이 변해버리셨어. 워낙이 말 없으신 분이 더 말이 없어지고, 같이 살던 여자와도 헤어지시더니 어느 날 온다간다 말없이 사라지셨지. 네 아버진 형님의 소식을 알려고 백방으로 찾아다니셨는데 어느 날 일본에서 편지가 한 장 날아왔어. 일본에 계시다고.

정재민 그래서요?

어머니   아버진 대학을 졸업하시고 공무원으로 취직이 돼서 상공부에 근무하는 중이었어. 나하고 결혼하고 일 년쯤 됐는데 직장에서 그만두라는 파면 통지를 받았다.

정재민   왜요?

어머니   그때서야 우린 네 큰아버지가 월북하신 줄 알았다.

정재민   아!

어머니   네 아버지가 취직을 못하고 이런저런 장사를 한 것도 그 때문이다.

정재민   이제야 알 것 같군요. 아버지가 왜 세상을 부정적으로 보고 계시는지…….

어머니   그 고무도장 하나가 우리집에 대대로 낙인을 찍어놓는구나.

정재민   낙인? (소리친다) 그럴 수 없어! 내가 무슨 잘못이야? 난 이 땅에 태어난 죄밖에 없어. (울부짖는다) 나더러 어떻게 하란 말이야!

대장승   그렇게 시작이 됐지. 어린 나이에 그가 감당하기엔 벅찬 짐이었지.

여장승   난 그보다 더 불행한 일을 겪은 사람들을 알고 있어. 지하에는 지금 밤마다 허공을 헤매며 울부짖는 소리를 듣지 못하나?

대장승   들리지, 그러나 낮 동안에도 사람들은 울부짖고 있네.

요란한 군화 발자국 소리가 압도하면서 슬라이드에 광주사태 장면, 군의 반란 진압 장면이 전개된다.

총학생회실에 정재민, 동료 간부와 서 있다.

동료   뭘 하고 있는 거야? 어서 피해야 돼!

정재민   우리가 뭘 잘못했다고 피하니?

동료   잘못을 따질 때가 아니야, 넌 학생회장이고 우린 학생회 간부야. 지금 포고령이 내렸어. 다들 피하고 있어.

정재민   우린 순수한 학생운동을 했을 뿐이야. 우리 대학은 길거리에 나가 돌을 던지지도 않았어. 우린 학내신문으로 저항하는 동지들을 격려했을 뿐이야.

동료   그것이 문제가 된단 말이야!

정재민   할 말을 한 것이 문제가 돼서 우리가 도망친다면 우리의 정당성을 스스로 부인하는 것이다.

동료   이런 답답한 녀석 같으니! 지금 도덕성, 정당성을 따질 때가 아니다. 이 정권이 언제 정당성과 도덕성을 갖고 있었니?

정재민   너희들은 우선 피해라. 난 학생회 사무실을 지키겠다. 우리가 한 일 때문에 누군가 벌을 받아야 된다면 내가 받는다. 내가 우리 대학 학생회 책임을 맡고 있으니까.

동료   혼자 똑똑한 척하지 마. 잡히면 너만 손해야.

밖에서 군화소리 들린다.

동료   온다. 어서 도망쳐!

동료 유리창문을 넘어 도망쳐 버린다. 문으로 총을 든 군인 두

명이 들어온다. 정재민 학생회장 팻말 앞 의자에 앉는다.

정재민　무슨 일입니까?

군인　뭐? 무슨 일입니까? 너 세상 어떻게 돌아가는지 몰라?

정재민　용건이 뭔가요? 여긴 학생회 사무실입니다.

군인　넌 뭐하는 놈이야?

정재민　난 이 대한 총학생회장 정재민입니다. 당신들은 누굽니까?

입 다물고 있던 군인 느닷없이 개머리판으로 정재민을 내려친
다.

정재민　아!

비명 지르며 의자에서 굴러 떨어진 정재민을 군인들 질질 끌고
나간다.

군인　이 자식이 정신 못 차리고 있구만.

여장군　그 일은 나도 잘 알지, 많은 젊은이들이 내 품에 묻혔어.

대장군　피 냄새가 아직도 허공에서 맴돌고 있네.

여장군　하늘이 열리고 땅이 솟아난 그 사이에서 사람은 몸에 피를 지
니고 태어났거든.

대장군　하나님의 실수였지.

여장군　몸 속에 숨어서 흐르는 피가 보고 싶어 서로를 쏘고 찌르

고……

대장군 그 비명소리가 아직도 들려온다.

아! 부르짖는 여인의 비명소리와 함께 장구소리, 방울소리가 들린다. 무당, 박수를 대동하고 나온다. 여인이 장승 앞에 물 한 그릇 떠놓고 촛불을 켠다. 무당이 경을 외자 박수무당 장구를 친다.

무당 사바세계 남선부주 해동제일 조선국이요, 동방에 청제지신, 남방에 적제지신, 서방에 백제지신, 북방에 흑제지신, 중앙에 황제지신, 오방제신 하강하사 억울하게 죽은 영혼을 거두소서, 아이 죽어 앵아귀, 처녀 죽어 골미귀, 총각 죽어 말뚝귀신, 홀애비 죽어 몽치귀신, 과부 죽어 원혼귀 너도 먹고 물러나고, 벌써 벌써 몇 년 전에 형제간에 싸우다가 너도 죽고 나도 죽어 골육상잔에 죽은 귀야, 너도 먹고 물러나고, 구년지수 장마날에 퉁퉁 불어 죽은 귀며 한해 홍수에 죽은 귀야. 너도 먹고 물러나라.

무당, 방울을 흔들며 덩실덩실 춤을 춘다.
장승에게 손을 비비며 절하던 여인이 쓰러진다.
박수, 장구치기를 중단하고 대접의 물을 여인의 얼굴에 뿜는다.
여인 몸을 떨자 박수, 여인을 안아 들고 일어난다.

박수 혼절했어, 그만하자구.

박수, 여인을 안고 먼저 나간다.
무당 춤을 멈추고 물그릇을 들어 물을 마시더니 여장군 얼굴에
푸- 뿜어버린다.

무당　염병할, 강바닥에 무더기로 시체가 굴러다니니 몸이 열 개라
　　　도 혼백을 건지기 어렵겠다.

무당, 그릇과 장구를 들고 나간다.

여장군　(얼굴의 물을 닦으며) 장마 피하자 소나기 맞은 꼴이네.

대장군　또 어디서 무더기로 죽은 모양이야.

여장군　지상에 태어난 것은 반드시 죽게 되지.

대장군　죽은 것은 다시 태어난다. 형체가 없는 것으로!

여장군　형체가 없는 것, 있어도 보이지 않는 것, 있다고도 없다고도
　　　할 수 없는 것이 무엇이지?

대장군　인간의 사랑이야, 빛도 없고 소리도 없고 모양도 없지만 하늘
　　　과 땅 사이에 빈자리를 메꾸어주는 것이 사랑이지!

여장군　사랑? 사람의 눈을 소경으로 만들고 사람의 귀를 귀머거리로
　　　만들고 사람의 마음을 미치게도 만드는 것, 그것 때문에 화를
　　　자초하는 것!

대장군　대체 사람을 웃게도 하고 울게도 하는 것은 무엇일까? 무엇
　　　이 그렇게 하는가? 그것은 사랑이 하는 일이다. 사람을 강하
　　　게도 만들고 약하게도 만드는 것은 무엇인가? 그것은 사랑이
　　　다. 고로 사랑은 강한 힘을 갖고 있지. 죽음을 초월할 정도로!

슬라이드 환하게 비추며 강물이 흘러간다. 물 흐르는 소리, 새
소리.

정재민 밀짚모자 쓰고 낚시를 하고 있다. 옆에 바구니 하
나…….

지영인 빨래 대야 들고 다가온다.

지영인 안녕하세요?

정재민 아…….

지영인 내가 방해했나요?

정재민 아, 아닙니다.

지영인 이 시간이면 늘 여기 나와 낚시를 하던데요?

정재민 네, 별로 할 일도 없어서…….

지영인 (바구니를 들여다보고) 어머, 고기 한 마리도 못 잡았나 봐?

정재민 없어요?

지영인 수초밖에 없는데요?

정재민 어, 그럼 한 마리도 못 잡은 거네.

지영인 오늘은 수업이 없는 날인가 보죠?

정재민 네, 목요일엔 없습니다.

지영인 저두요. 그래서 이 날은 빨래를 하러 나와요.

정재민 2학년인가요?

지영인 불어불문과 3학년, 지영인이라고 해요.

정재민 지영인 씨, 저는…….

지영인 알아요. 정재민 씨, 영어학과…… 애들한테 선배님 얘기 들었
어요. 전에 학생회장 했다는 얘기…….

정재민 제가 감옥살이 했다는 얘기도 들었나요?

지영인 그래서 제대하고 복학했다는 그런 얘기 등등…….

정재민 누가 그렇게 내 이력서를 잘 아나?

지영인 다들 알던데요. 학교가 작으니까. 왜요? 불쾌하세요?

정재민 아니요. 지방대학이니까…… 집이 근처인가요?

지영인 이장네 집에서 자취해요. 저기 플라타너스 있는 집.

정재민 연기 잘하시던데요?

지영인 우리 불어연극 보셨어요?

정재민 불어는 잘 모르지만 제스처만 봐도 알겠더군요. 강제결혼에 서 약혼자 역을 했죠?

지영인 어머, 기억하시는구나? 가발 쓰고 분장도 했는데…….

정재민 걸음걸이는 바꿀 수 없더군요.

지영인 제 걸음걸이가 어떤데요?

정재민 빨래 함지 이고 걷는 시골 처녀의 걸음.

지영인 네? 제가 그럼 어기적어기적 걷는단 말인가요?

정재민 아니에요. 바람이 일까봐 살랑살랑 걷는다는 의미죠. 자신의 모습은 타인의 눈을 통해서 보는 게 정확할 겁니다.

지영인 그런데 선배님은 언제 봐도 늘 혼자던데요? 낚시를 하는 건 지 조는 건지 모르겠지만, 멀리서 봐선…… 호호…….

정재민 그냥 이러고 앉아 있으면 마음이 편안해지는 것 같아서…… 그러다 눈먼 고기라도 걸려주면 저녁 찌갯거리라도 장만하 구…… 그렇게 살아요.

지영인 선배님은 무슨 도사 같은 말투예요. 고기도 못 잡는 낚시 도 사.

정재민　대신 뭐가 잡힌 것 같은데요?

지영인　뭐가 잡혔어요? (낚시줄을 본다)

정재민　사람이오.

지영인　네? 사람이라니……?

　　　　잠시 서로 본다.

정재민　당신이 잡힌 건지, 내가 잡힌 건지 모르겠지만…….

대장군　외로운 사람끼리의 사랑은 속도를 가늠할 수가 없지.

여장군　그것이 함정인지도 모르고.

대장군　누구든 빠지고 싶은 함정이지.

여장군　결국은 그것 때문에 빠진 것도 후회하게 되고 태어남을 증오하게 되고 차라리 죽음을 찬미하게 되지.

　　　　들꽃을 머리에 꽂은 **지영인**, **정재민** 손을 마주잡고 서 있다.

정재민　나 정재민은

지영인　나 지영인은

정재민　하늘과 강물과 이 땅 앞에 서약합니다.

지영인　나 그대를 사랑하기 위해 세상에 태어났으며

정재민　우리의 태어남이 필연이라면

지영인　우리의 사랑도 필연임을 믿으며

정재민　내 생이 그대를 위해 존재함과 같이

지영인 나의 죽음도 그대와 함께 있을 것입니다.

정재민 우리 앞에 다가올 삶이 어렵고 험난할지라도

지영인 우리의 사랑으로 극복할 것이며

정재민 때로는 인간의 약점 때문에 서로를 원망하는 일이 생길지라도

지영인 그것은 우리의 진정이 아니며

정재민 우리의 만남을 원망치 않을 것입니다.

지영인 이제 나는 당신을 내 남편으로 맞아

정재민 그대를 내 아내로 맞아

지영인 내 생애 전부를 당신에게 바칩니다.

정재민 내 삶의 의미를 그대에게 두겠습니다.

두 사람 아름답게 키스하며 끌어안는다.

지영인 우리 약속대로 하기야. 우리 같이 죽기야.

정재민 그럼, 같은 시간에.

여장군 보렴, 그들은 사랑을 시작하면서 죽음을 먼저 약속하는 것을!

대장군 시작이 있으면 끝이 있는 법, 끝을 알고 시작하는 것이지.

여장군 죽음은 함께 오지 않는 거야. 사랑의 끝엔 후회와 외로움만 남게 될 걸. 그 외로움은 천근 만근의 무게로 사람을 짓누르게 되지. 과부들의 한숨소리를 듣지 못하는가?

지영인 살다가 당신이 먼저 죽으면 어떻게 하지, 나는?

정재민 나를 따라 죽을 수 있도록 준비를 해두겠어.

지영인 내가 먼저 죽어야 돼. 당신이 나를 묻고.

정재민 그리고 내가 죽을 테니까…….

지영인 난 이제 안심하고 삶을 시작할 수 있을 것 같아.

정재민 우리 둘의 삶이지…….

대장군 사랑은 죽음도 초월한다고 말하지 않던가?

여장군 저주의 삶을 시작하는 것인지도 모르고! 가련한 것들…….

대장군 어두운 것은 밝은 것의 근본이 되지. 고요한 것이 시끄러운 것의 주인이 되듯이…….

책가방을 든 정재민과 앞치마를 두른 지영인 나온다.

지영인 오늘 힘들었지?

정재민 나보다 내게 배우는 학생들이 더 안쓰러워 보였다. 다 재수하는 애들인데 거의 반 정도는 그저 할 수 없이 멍한 표정으로 앉아 있는 거야. 왜 이렇게 영어를 어렵게 가르쳐야 하는지 모르겠어. 그렇게 배워서 대학을 나와도 영어회화 한 마디 못하고 원서 한 권 제대로 읽지 못하는 둔재들만 양산하는데 말이야.

지영인 자기가 그런 걱정할 거 없어. 학원강사 자리라도 얻은 걸 다행으로 생각해야지 뭐.

정재민 나한테 시집오자마자 고생부터 시켜 미안해.

지영인 뭐 내가 언제 굶었나?

정재민 내가 영어테이프 외판원 할 때는…….

지영인 그 얘기 안 하기…… 그래도 우린 최소한 수제비는 끓여 먹을 수 있었어. 그것만 해도 얼마나 고마운 일인데? (웃는다)

정재민 아무리 힘들어도 웃는 당신이 내게 힘을 준다. 교직 발령만 나면 고생한 것 다 갚을 거야!

지영인 내가 먼저 발령 날지도 모르는데?

정재민 우리가 같이 발령이 나면 우린 목욕탕이 있는 집으로 이사 가자.

지영인 (웃으며) 왜 하필 목욕탕이야?

정재민 어려서 내가 자랄 동안에 우린 한 서른 번쯤 이사를 다녔어.

지영인 서른 번이나?

정재민 봄, 가을로 이사를 가야 했어. 그런데 이사갈 때마다 그 동네서 제일 나쁜 집으로 이사를 가는 거야. 이번에는 좀 낫겠지 싶어 이사를 가보면 또 그 동네에서 제일 나쁜 집이 우리 집이었어. 우린 여름이나 겨울이나 좁은 마당에서 바가지로 물을 퍼서 목욕을 했지. 우리 식구들이 다 목욕탕에 갈 돈은 없었거든. 오! 추운 겨울 엄마가 부어주는 물에 머리를 감으며 얼마나 떨었던지, 그땐 목욕탕이 있는 집에 사는 게 제일 소원이었어. 목욕탕만 있으면 부잣집이라고 생각했거든.

지영인 이번 겨울엔 정말 목욕탕 있는 집으로 이사를 가야 해.

정재민 그때까진 발령이 나겠지.

지영인 발령이 나지 않더라도 가야 해. 우리 2세를 위해서!

정재민 2세? 그럼 우리 2세가 자라고 있다는 얘기야?

지영인 남자가 왜 그렇게 눈치도 없어?

정재민　힌트를 줘야 알지?

지영인　어휴, 멍청이 같으니.

정재민　내가 언제 아버지 해본 적이 있어? 어떻게 알아?

지영인　드라마도 안 봐? 책도 안 읽었어? 여자가 임신하면 어떻게 변하는지!

정재민　오, 정말이구나! 어머니! 내가 아버지가 됩니다!

지영인　주인집에서 듣겠다.

정재민　소문을 내야 해, 우리가 그냥 동거하는 게 아니라 애기도 갖는 부부라는 사실을 동네방네 증명해 보여야 해! (소리 지르려 한다) 들어보세요!

지영인, 정재민의 입을 두 손으로 막는다. 자연히 두 사람 서로를 포옹한다.

여장군　그만 좋아해, 이 어리석은 자들아, 오늘의 기쁨은 내일의 슬픔이야!

대장군　사랑의 열매를 맺고 있는 중이지.

여장군　사랑이란 질병의 후유증을 앓고 있다고 하는 게 나을걸? 그런데 여자만이 산고를 겪는 거야. 이 세상에 쓰레기 같은 인간을 뿌려놓은 죄로!

대장군　인간들은 사랑과 결혼을 통해 가정을 이루고 사는 즐거움을 알고 있지.

여장군　사랑, 결혼, 가정이라고? 가장 달콤한 말이지만 가장 쓰디쓴 말도 될걸? 가정을 이루는 순간부터 거기서 벗어나고 싶어하니까.

대장군 저들은 삶의 즐거움을 누릴 권리가 있어.

여장군 그런데 왜 비탄의 신음소리를 지르지? 들어봐, 저 소리를!

신음소리 비슷한 정재민의 노랫소리가 들린다.

작은 욕조에 웃통 벗은 채 들어 앉아 노래를 부르고 있는 정재민.

'황성옛터에 밤이 되니 월색만 고요해, 폐허의 서린 회포를 말하여 주노라.'

지영인, 대야와 수건, 비누 들고 등장한다.

지영인 당신 음악선생 안 하기 천만다행이다.

정재민 내 목소리가 어때서? 이만하면 가수 뺨치지?

지영인 목욕탕 안에서 노래 부르면 다 가수 목소리 같지.

정재민 여보, 정말 내 노래 안 좋아? (다음 가사를 부르며 노래 계속한다)

지영인 솔직히 말해서 당신 음치예요. 무안해 할까봐 말을 안 했지. 자, 머리 뒤로 해요.

정재민, 욕탕에 누운 채 머리를 욕조 밖으로 내밀면 지영인, 대야의 물로 남편의 머리를 감겨준다. 비누칠까지 하면서.

정재민 어렸을 때 할머니가 머리를 감겨주던 생각이 나. 눈에 비눗물 들어간다고 칭얼대는 내 볼기를 후려갈기면서 머리를 감겨주

섰지. 왜 그렇게 머리감는 게 싫었던지…….

지영인 할머니가 계셨어?

정재민 할머니 없는 사람도 있나?

지영인 한 번도 얘길 안 했으니까.

정재민 내가 초등학교 졸업하던 해에 돌아가셨어. 비가 오던 날이었
는데 집에 와보니 할머니가 혼자 방에서 중얼거리시는 거야.
엄마는 장사하러 나가서 집엔 아무도 없었지.

지영인 무서웠겠다.

정재민 무서운 거 몰랐지. 할머니가 뭐라시나 들어봤더니 '고향에서
떠날 때 장독대 뚜껑을 덮지 않고 나왔다이.' (함경도 사투리
로)

지영인 무슨 소리야?

정재민 이북에서 아버지 형제분을 데리고 월남하셨는데 곧 다시 가
겠거니 하고 장독대 뚜껑을 덮지 않고 피난을 나오신 거야.
그게 마음에 걸리셨는지 비만 오면 고향 장독대 걱정을 하셨
어. 40년 동안이나…….

지영인 어쩌면…….

정재민 그러다 소리가 멈춰 할머니 방에 들어가봤더니 누워계셨어,
눈을 뜬 채.

지영인 어머, 그래서?

정재민 돌아가신 줄 몰랐어. '할머니, 할머니' 흔들어 깨웠지. '비 그
쳤어요' 하고. 그랬더니 머리가 베개 옆으로 떨어지시더군.
와락 무서운 생각이 나서 울었어. 할머니는 아마 고향 장독대
뚜껑 덮으러 가셨을 거야.

지영인　다 됐어, 가만 있어요.

수건으로 머리를 비벼 말려준다.

정재민　아얏, 아파. 살살해.

지영인　머리 뽑지 않을 테니 걱정 말아요. 소원대로 목욕탕이 있는
　　　　　집에 이사왔는데 자주 좀 머리를 감지. 내가 꼭 감아라, 감아
　　　　　라 해야 되나?

정재민　이게 우리집이라면 얼마나 좋을까?

지영인　지금 주택부금 넣기 시작했으니까 앞으로 늦어도 10년이면
　　　　　우리 집이 생길 거예요.

정재민　10년?

지영인　나도 발령 나서 같이 벌면 7년.

정재민　내가 37살 됐을 때구나.

지영인　40 전에 집을 장만해도 다행이지…… 그때까진 허리띠를 졸
　　　　　라매야 해요.

정재민　더 들어갈 배도 없어. 아무리 절약하더라도 우리 아들만은 잘
　　　　　먹이고 잘 입힙시다.

지영인　절약에는 예외가 없는 거예요.

엄마 하면서 5세 가량의 성호 눈 비비며 나온다.

지영인　성호 일어났니? 너도 목욕하고 머리 감자.

성호　　싫어, 싫어.

성호 도망가 버린다.

정재민 저 자식, 나 닮아서 머리 감는 거 싫어하는구나.
지영인 자, 다 됐어요. 가서 잡아와야지.

수건으로 몸을 가려준다. 탕에서 나오는 정재민.

정재민 여보.
지영인 왜요?
정재민 성호가 더 크기 전에…….
지영인 크기 전에 뭐?
정재민 우리 결혼식 올리자.
지영인 뭐? 결혼식? …… 새삼스럽게…….
정재민 교감선생님이 자꾸 결혼식을 올리래, 주례를 서 주시겠다면
서.
지영인 꿈을 꾸곤 했었는데…… 웨딩드레스를 입는 꿈을…….
정재민 꿈을 현실로 만들어야 해, 우리 둘이서…….

'선 라이즈 선 셋'(지붕 위의 바이올린 中 결혼의 노래) 은은히
들린다.

대장군 가장 행복한 시절이지.
여장군 여자에겐 불행의 시초야, 웨딩드레스와 가장무도회에 잠시
홀려서 자신도 모르게 섹스의 노예가 되어버리는 가소로운

의식.

대장군 섹스는 사랑의 완성이야, 아름다운 거지.

여장군 그건 남자들이 만든 환상이야. 죽음의 전주곡, 그래서 2세를 탄생시키는 거야. 영원한 노예로 남기 위한 미끼인 줄도 모르고.

대장군 어둠의 왕인 그대는 사랑의 환희를 알 수가 없지.

여장군 섹스는 어둠 속에서 이루어진다. 그래서 그 절정에서 여자들이 비명을 지르는 거야, 비탄의 함성. 다시는 반복하고 싶지 않은 찰나의 쾌감. 오 가련한 여인이여!

대장군 나는 이들을 축복해 주리라.

대장군 앞으로 나선다. 주례석에 오른다.

대장군 (주례사를 한다) 결혼은 사랑의 무덤이 아니라 사랑의 씨앗을 간직한 화분과 같은 것이다. 물을 주고 정성껏 가꾸면 그 씨앗에서 싹이 나오며 줄기와 잎이 자라고 꽃이 피게 되는 것이니라. 사랑은 저절로 자라지 않는다. 정성과 인내로 함께 노력하여 만들어내는 것이니라. 사랑이 부족하다 투정하지 말 것이며 네가 먼저 사랑을 부어넣어라. 그래서 너희들의 삶이 사랑으로 가득차게 하라. 흘러 넘치는 것은 모두 너희 것이 될 것이다.

여장군 나무아미타불, 아멘!

노랫소리가 커지며 양복을 입은 신랑과 웨딩드레스의 신부가 아들 성호를 앞세우고 나온다. 성호는 꽃바구니를 들었다. 이들은 행복한 미소를 띄우며 천천히 무대를 걸어간다.

여장군 너희들을 묶은 끈이 너희들을 함께 비탄으로 몰아넣을 것이다.

음악이 잔잔하게 계속된다. 성호가 꽃을 뿌린다. 꽃길을 따라 퇴장한다.

여장군 잠깐, 이 가족들을 헤어지게 만들어야지. 나는 인간들이 이별하며 흘리는 애처로운 눈물에서 쾌감을 느낀단 말이야.

학교 식당, 교사들 휴게실.
외출복의 지영인 의자에 앉아 있다.
정재민, 자판기의 커피를 두 잔 뽑아들고 온다.

정재민 무슨 일이야? 당신 안색이 왜 그래?
지영인 피곤해서요. 시장에도 들르고 학교에도 들러 봤어요.
정재민 학교선 뭐래요?
지영인 난 어떻게 해야 좋을지 모르겠어. 오면서 생각해 봤는데…….
정재민 무슨 일인데 그래? 말해봐.
지영인 나 발령났어요.
정재민 뭐? 교직발령 났어? 그런데 뭐가 걱정이야, 좋은 일인데? 당신이 기다리던 일 아니오?

지영인 그런데 문제가 있어요.

정재민 문제라니?

지영인 강원도 산골짜기 고등학교로 발령이 났어요.

정재민 아니, 왜 강원도야?

지영인 자리가 거기뿐이래요. 어째야 좋을지 모르겠어요. 내가 가면 당신은 어떻게 해요? 애는 내가 데리고 가더라도…….

정재민 이건 말이 안 돼. 당신은 경기도로 배정 받았는데 강원도라니! 그것도 4년이나 기다려서!

지영인 산다는 게 내게는 언제나 어려운 일이었어요. 혼자서 학비를 마련하고 생활비를 마련하면서 그래도 꼭 참고 견디며 살았어요. 당신을 만날 때까지…….

정재민 알아, 얼마나 어려운 세월을 보냈는지…… 그러나 그때 우린 젊었으니까 견딜 수 있었지.

지영인 당신을 만나고 이 세상에는 누군가 나만을 위해주는 사람이 있다는 즐거움을 느꼈어요. 그 사람을 위해서라면 어떤 고통도 감수할 수 있었어요. 그가 내 옆에 있는 한, 그런데 이렇게 헤어져 있어야 한다면…….

정재민 그렇다고 아주 헤어지는 건 아니잖아? 가기 싫으면 그만두면 되는 것이고.

지영인 (울면서) 나는 가난은 견딜 수 있어요. 얼마든지……. 그렇지만 내 결혼의 꿈은 이런 게 아니었는데…….

정재민 제발 울지 말아요. 난 당신이 울면 가슴이 무너져 내리는 것 같아. 당신은 내 삶의 근원이요, 뿌리야. 그런데 당신이 흔들리면 나는 어떡하지?

여장군 아무렴. 여자는 근본이지, 그 위에 남자가 서 있어. 난 지금 그 근본을 흔들어 놓을 거야. 뿌리를 뽑아버리면 지상의 나무는 어떻게 되지?

대장군 그렇게 쉽지는 않을걸? 아무리 태풍이 가지를 흔들고 뿌리를 드러내도 나무는 다시 뿌리를 내린다. 사람도 마찬가지야.

여장군 어디 두고 볼까?

대장군 두고 보라지. 누가 이기나?

무대 한쪽 책상에 교육부 당국자 나와 앉아서 서류를 뒤적이고 있다. 정재민 그 앞에 가서 선다.

당국자 지영인, 1985년에 불어불문과를 졸업했군요.

정재민 그렇습니다. 그래서 경기도로 배정받았습니다.

당국자 당시에 경기도엔 불어과 적체가 심했습니다. 그래서 1987년에 강원도로 배정 변경이 됐습니다.

정재민 그런데, 본인의 의사와 관계없이 어떻게 일방적으로 배정을 변경합니까?

당국자 본인에겐 학교를 통해서 통보를 했는데요.

정재민 제가 말하고 싶은 건요, 아내보다 후에 졸업한 사람은 경기도로 발령이 났습니다. 아내보다 더 빨라요. 오래 기다린 사람이 왜 불이익을 당합니까?

당국자 그건 제 입장에서 대답할 말이 아니군요. 국가 시책이 그렇게 된 겁니다. 1985년에는 불어과 경기도 배정이 가능할 것으로 보았지요. 그런데 사대 불어과 졸업자가 많았는 데 반해 학교에서 불어를 선택하는 학교가 상대적으로 줄어들었어요. 다 대학입시와 관계가 됩니다. 불어보다 쉬운 일어를 선택하는 학교가 늘었거든요.

정재민 그런데 불어과 정원이 줄어든 것도 아닌데 왜 그 후의 졸업자는 경기도로 발령이 난 거지요?

당국자 1988년에 들어서 일어를 선택하는 학교보다 불어를 선택하는 학교가 늘었어요. 일부 일어를 가르치던 학교도 불어로 선택을 바꿨어요. 입시에서 불어가 유리하다는 판정이 났거든요. 대학입시 선택과목에서 일어를 제외하는 대학이 늘어났거든요. 그래서 현재는 일어과 출신들의 적체 현상이 나타나기 시작했습니다.

정재민 그러니까 결국은 교육부나 교육위원회의 교원 수급정책이 주먹구구식으로 그때그때 형편 봐서 바꾼다는 것입니까? 일개 국가의 교육정책이 10년 앞을 내다보진 못할지언정 그해그해 형편에 따라 바뀐다니 이게 말이 됩니까?

당국자 정 선생, 우리나라 장관 수명이 몇 년이라고 보십니까? 3년을 하면 장수 장관입니다. 기껏해야 1년 반, 2년이면 목이 나가는데 어떤 장관이 10년 앞을 보고 계획을 세우지요? 그런데 그 장관이 갈리면 계획은 어디 갔는지 또 새로운 계획 세우다가 날 새는 겁니다. 세미나하고 공청회하고 돈만 없어지는 거지요. 세미나 전문업자, 실례, 전문 교수들만 신나는 거지요. 한 예로, 고등학교 배정문제를 봅시다. 학군을 바꿀 것이냐? 문제의 8학군은 어떻게 할 것이냐? 고등학교도 입학시험을 치르게 할 것이냐? 이 문제로 수없는 공청회, 세미나,

여론조사, 연구발표로 지난 일 년 엄청난 돈이 들었습니다. 그런데 결론은, 그냥 현행대로 한다. 그겁니다. 이제 제 입장을 이해하시겠습니까?

당국자 정재민을 남겨놓고 퇴장해 버린다. 지영인 나온다.

지영인 여보, 우리 힘으론 어쩔 수 없는 일이에요.

정재민 당신 가는 거 그만둬요. 나 혼자 교직 생활로 살아나갈 수 있어, 우리의 목표를 축소하면……

지영인 생각해 봤어요. 내가 어떻게 해야 하는지…… 당신과 헤어져서 다른 곳에 가서 산다는 건 괴로운 일이에요. 하지만 내가 수년 동안 배우고 키워온 꿈은 배우려는 학생들을 가르치는 것이었어요. 그건 단순한 직업 이상의 소명감 같은 것이에요. 당신도 지금 교단에 설 때의 설레임을 느끼지요? 교단에서 내가 배워온 것들을 제자에게 가르친다는 사실은 즐거운 일이에요. 그 기회가 온 거예요. 얼마 동안 당신과 떨어져 살아야 하는 어려움이 있지만…… 최소한 우린 일주일에 한 번은 만날 수 있지 않아요? 또 긴 방학이 있구요. 어쩌면 그 만나기 위한 기다림이 우리의 사랑을 더 깊게 해줄지도 몰라요. 서로를 그리워하며 산다는 것도 얼마나 아름다운 일이에요?

정재민 당신을 또 고생시킬 일이 마음에 걸려서 그래!

지영인 우린 고생이 취민데 뭐. (웃는다) 자, 결정했어요. 아주 헤어지는 건 아니니 서운해 하지 말고 즐거운 마음으로 날 보내줘요. 이제 며칠 안 남았어요. 준비할 게 너무너무 많은데 뭐부터 해야 할지 모르겠어요.

정재민 당신 이불이 따로 필요할 거야.

지영인 여보!

두 사람 서로 안는다.

대장군 이별의 슬픔이 깊을수록 더 단단하게 맺어지는 게 인간이야.

여장군 부부로 맺은 끈처럼 풀기 쉬운 것도 없을걸? 서로가 열에 들떠 있는 한순간에는 평생 이별을 모를 것처럼 요란을 떨다가도 돌아서면 서로 남이 되는 게 부부야. 우리가 같이 있어도 늘 떨어져 서 있듯이 남자와 여자는 영원히 떨어져 서 있는 존재야. 그래서 처음부터 독신으로 살려는 여자들이 많지. 영원히 서로 남인 걸 알거든? 난 이런 여자들 편이야. 독신으로 살아라. 부득이 결혼을 했으면 더 얽히기 전에 이혼해라. 그게 내 주장이야!

대장군 독신으로 산다는 건 창녀가 되겠다는 소리나 같아!

여장군 사랑 없는 결혼 생활도 어차피 창녀와 마찬가진걸? 얼마나 많은 부부들이 사랑 없는 결혼 생활을 하는지 난 잘 알지.

대장군 이 사람들은 달라. 서로 사랑해. 여태 보고도 뭘 느끼는 게 없는가? 무엇으로도 이들을 갈라놓을 수가 없어.

여장군 죽음이 갈라놓을 수가 있지.

선물 꾸러미를 든 정재민 한쪽으로 등장한다. 성호가 먼저 뛰어나온다.

성호   아빠! (지영인 따라나온다)

정재민   (안아 올리며) 아빠 보고 싶었지?

성호   음, 엄마가 어젯밤에 울었다.

정재민   왜?

지영인   내가 언제 울었니?

성호   내가 봤다. 자는 척하면서 엄마 우는 거 봤는데? 엄마 글 쓰다가 울었지?

정재민   여보…….

지영인   아니에요.

정재민   성호, 이놈 튼튼해졌는데? 얼굴도 사내답게 검어졌구…….

지영인   맨날 햇볕에 나가 노니까 그렇지, 동네 애들하고 들로 산으로 헤매고 다닌대요. 맨날 새카매져서 들어온다니까.

성호   개울에 가서 고기도 잡았다, 이만한 송사리.

정재민   아빠하고 고기 잡으러 가야겠다.

성호   언제? 오늘?

지영인   오늘은 안 돼요. 아빠 오시느라 피곤해.

정재민   성호야, 이거 열어봐.

성호   이게 뭔데?

정재민   선물.

성호 선물 상자 열어보며 환성 지른다.

성호   와, 신난다. 애들한테 자랑해야지.

성호 뛰어나간다.

정재민   당신 왜 울었어?

지영인   안 울었어.

정재민   글 쓰다가 울었다는데? 일기 쓰다가 내 생각나서 울었어?

지영인   아니, 가계부 쓰다가…….

정재민   가계부 쓰다가 계산이 안 맞아서 운 거야?

지영인   아니, 내가 너무 절약절약 하면서 당신한테 너무 짜게 군 게 미안해서, 옷 하나 변변히 사주지 못했는데. 그래도 아무 말 없이 참아주는 당신이 고마워서……. (울먹인다)

정재민   이런 바보! 그건 내가 할 소리야.

와락 안아준다. 지영인 남편의 어깨에 얼굴을 묻는다.

정재민   자, 그만 오늘 저녁은 개울가에서 캠핑하면서 먹지, 어때?

지영인   좋아요. 날씨도 캠핑하기 딱 알맞아요.

조명 어두워지며 무대 뒤에 작은 텐트가 쳐 있다. 개울물 흐르는 소리가 들리며 캠핑장의 밤이 된다. 작은 모닥불이 피고 있는 앞에서 버너에 커피를 끓이는 지영인. 성호는 아버지의 팔에 안겨 잠들어 있다.

지영인   (커피잔 갖고 오며) 성호, 자나 봐.

정재민 옆을 본다. 성호가 자고 있다.

정재민 녀석 자는 거 봐, 송아지 자는 것 같애.

지영인 커피 마셔요.

정재민 가만……. (성호를 안아들고 텐트 안에다 누이고 온다)

지영인 아침이 되면 당신은 가야 하는데…….

정재민 그러니까 이 시간이 더 귀한 거지. 우리, 잠 자지 맙시다. 밤
       새 얘기하고 밤새 사랑합시다. 아침 해가 작별을 재촉할 때까
       지…….

두 사람 모닥불 앞에 마주앉아 커피를 마시며 서로의 눈을 보고
있다.

정재민 저 별빛을 두고 맹세하지. 사랑하오. 당신 떨고 있군?

지영인 행복한 두려움에 떨어요.

정재민 뭐가 두려워?

지영인 너무 행복해서…… 우리의 행복을 누군가 질투해서 깨버릴까
       봐.

정재민 누가 우리를 질투하지?

지영인 모르겠어요. 저 별이, 또는 저 달이, 아니면 하나님이 인간의
       행복이 오래 지속되게 내버려둘 것 같지 않은 예감이 들어요.
       그래서 한밤에 놀라 깰 때가 있어요. 누가 당신을 내게서 떼
       어놓을까 봐…….

정재민 그런 일은 있을 수가 없어. 우린 같이 죽기로 약속했지. 내가

당신을 떼어놓는 일은 없을 거야. 맹세코.

지영인 이제 난 당신이 없는 세상은 상상할 수도 없어요.

정재민 그건 나도 마찬가지요.

지영인 내가 왜 이렇게 약해졌는지 모르겠어요. 혼자 얼마든지 세상을 살아나갈 수 있다고 자신했었는데, 당신을 만나고 너무 약한 여자가 됐어요.

정재민 당신은 강한 여자야, 뭐든 이겨낼 수가 있소.

지영인 당신이 함께 있는 세상에선…….

정재민 앞으로 일 년만 참읍시다. 근무연한 이 년만 지나면 학교를 옮겨 주겠대. 그땐 우리 함께 있을 수 있어.

지영인 추워요.

정재민, 아내 어깨에 담요를 덮어주며 꼭 감싸 안는다.
여장군 허리 굽은 노파의 모습으로 나타난다.

여장군 어, 여기에도 사람이 있군. 배고픈 늙은이요. 먹을 걸 좀 주시겠소?

정재민과 지영인 놀라서 떨어진다.

정재민 아, 예…… 빵이 좀 남았는데 드릴까요?

여장군 아무 거나 좋아요. 사흘을 굶었어. (빵을 먹는다)

지영인 우유도 있어요. 드세요. (우유를 준다)

여장군 아, 착한 사람들이구먼. 요즘은 착한 사람을 만나기가 힘들어.

정재민	댁이 어디신데 한밤에 이러고 다니세요?
여장군	집이 있으면야 이러구 다니질 않지.
정재민	가족도 없으세요?
여장군	난 혼자야.
지영인	고향은 있을 거 아니에요?
여장군	고향이야 있지. 늘 내가 낮이면 서 있는 곳, 밤이면 이러구 헤매고 다녀, 옛날엔 날 찾는 사람들이 있었어. 일이 있으면 내게 음식을 바치고 잘 되게 해달라고 빌고 갔는데 요즘엔 없어. 무슨 사고가 나야 나를 찾지.
정재민	뭐 하시는데요, 할머니?
여장군	사람들 앞길을 봐주지.
정재민	아, 점을 치시는군요?
여장군	뭐 그거 비슷한 거야. 내게 오는 사람들 중엔 별의별 사람들이 다 있어. 백년을 살 것처럼 별 짓 다해 가면서 긁어모아 호사스럽게 치장하며 살아도 결국은 늙으면 죽게 마련이거든. 그때가 돼야 날 찾아와. 어디로 가게 되냐구, 호사스럽게 잘 살던 사람일수록 죽을 때는 발버둥치더군. 피골이 상접해 가지고 몸이 아파서, 가슴은 허망해서 차라리 빨리 죽게 해 달라구 사정을 해. 젊었을 때야 백 년 천 년을 살 것 같지? 잠시 잠깐이야…… 세상을 다녀보니깐 죽지 못해 사는 사람들이 제일 많아. 그저 생명줄에 매달려서 하루하루를 죽여가는 사람들, 그 사람들이 제일 불쌍한 거지. 제 에미가 애초에 낳지를 않으면 좋았을 그런 인생들이 마당에 가득해.
정재민	할머닌 슬픈 얘기만 하시는군요?

여장군 인생이 워낙 슬픈 일만 많은걸?

지영인 세상엔 좋은 일도 많지 않아요? 아름다운 일도, 행복하게 사는 선량한 사람들도 있구요.

여장군 있지, 그런데 아름다운 일은 작아 보이지 않고, 행복한 사람들은 짧아 사라져 버려.

지영인 무슨 말씀 하시는지 모르겠어요.

여장군 내가 두 사람의 앞길을 봐줄까?

지영인 싫어요!

정재민 여보, 재미있을 것 같은데?

지영인 싫어요! 할머니 다 드셨으면 그만 가세요!

여장군 가지…… 가야지…… 갈 때가 됐는 걸……. (일어나며) 한마디 더 해줄 게 있는데…….

대장군 노인의 모습으로 나타나 여장군을 잡아끈다.

대장군 여기서 뭐하는 게야? 달이 지고 있어!

여장군 이 사람들에게 해주고 싶은 얘기가 있어…….

대장군 헛소리를 하는 늙은이니 들은 얘긴 다 잊어버리게. 어서 가! 심통 부리지 말고!

대장군, 여장군을 끌고 나간다.

여장군 (끌려가며) 얻은 것은 다 잃게 돼. 인생은 허망한 거야, 집착하지 말아!

정재민 이상한 노인네들이군.

지영인 우리가 꿈을 꾼 거예요. 기분이 이상해요.

정재민 꿈이라고 하기엔 너무나 생생해. 누굴까? 무슨 얘기를 하려는 것일까? 얻은 것을 잃게 되다니?

지영인 지금 이 순간엔 아무 것도 생각하지 말아요.

정재민 집착하지 말라고? 무슨 뜻이지?

지영인 여보, 미친 노파의 헛소리예요.

정재민 그저 미친 노파는 아니었어!

지영인 여보, 그만…… 안아줘요.

정재민, 아내를 꼭 안아준다.

지영인 당신이 나를 생각하는 세상에서만 나는 존재해요.

비가 내리기 시작한다. 벼락치는 소리가 들린다.

지영인 비가 오나 봐요.

정재민 어서, 집으로 갑시다.

지영인 성호야.

두 사람 아들을 깨우고 텐트를 치우고 그릇 등을 싸들고 퇴장한다.
폭풍우 소리가 무대를 압도하면서 세차게 비가 내리기 시작한다.

비에 흠뻑 젖은 대장군과 여장군, 소나무 밑 자리로 돌아온다.

대장군 길고 지루한 여름 장마가 시작되는군.

여장군 벼락이 우리를 비켜 갔으면 좋겠네.

대장군 소나무가 저렇게 서 있는데 우리야 별일이 있겠는가?

여장군 빗속에서 피 냄새가 나는 걸 보니 무사히 지나가진 않을 비
야.

대장군 방정맞은 소리…… 우리 몸엔 피가 흐르지 않아.

여장군 그래서 오래오래 서 있어도 피로를 모르지.

대장군 그 대신 비와 바람이 우리 몸을 갉아먹는데두?

여장군 인간들이 다시 세워주겠지. 같은 형상으로…… 우린 그렇게
늘 다시 태어나.

대장군 그러니 인간들에게 고마워해야지.

여장군 그래서 알려주는 거야. 인간의 삶이 무얼 의미하는지를…….

대장군 알고 싶어하지 않는 걸 골라서 가르쳐주나?

여장군 어차피 내 땅에 묻힐 인생들인 걸 까맣게 잊고 있으니까…….

스크린에는 비가 내리고 있다. 빗소리…….
무대 한쪽에 등장해서 전화를 하고 있는 정재민.

정재민 지영인 선생 좀 바꿔주세요…… 여기 서울인데요.

지영인 반대쪽에 등장해서 전화를 받는다.

지영인 여보, 나예요.

정재민 비가 많이 오는데, 오지 말아요. 내가 갈 테니…….

지영인 버스표 사놨는데?

정재민 그래도, 거기 길이 너무 나빠, 지난 주에 거기서 내가 버스 타고 오는데 너무 위험해요. 버스 운전사들이 언덕길에선 엔진을 끄고 굴러 내려오더라구, 기름 아낀다구…….

지영인 하루 이틀 그런 건가?

정재민 오늘은 비가 이렇게 오잖아? 여보…… 당신이 오는 날은 혹시 무슨 일이 생길까봐 내가 늘 마음이 조여서 그래.

지영이 날 그렇게 걱정해요? …… 내일 새벽에 동대문 시장에도 가봐야 돼요. 여긴 벌써 추워지는데 성호 내복이랑 몇 가지 살게 있어요.

정재민 내가 사갖고 가면 안 되나?

지영인 내일 나하고 새벽 시장에 같이 가야 돼. 그래야 싸게 사요. 당신 내의랑, 준비할 게 많아요.

정재민 여보, 옷은 다음 주에 사고 내 말대로 해요. 이렇게 비가 오는 날은 버스 타는 게 위험해.

지영인 당신은 안 위험해요?

정재민 고집 부리지 말고! 당신이 오길 기다리는 동안 마음이 불안해서 그래.

지영인 나도 마찬가지지 뭐, 전화 너무 오래 쓴다. 끊어요. 지금 나가야 돼요.

정재민 그럼 내가 터미널로 나갈 테니, 몇 시 차요?

지영인 두 시 반.

정재민　조심해서 와요. 성호 잘 잡구…….

지영인　내가 성호를 잃어버릴까봐? 이따 봐요.

　　지영인 나간다. 정재민 전화 끊고 우산을 펴든다. 우산을 펴든
　　사람들이 무대 여기저기에 등장한다. 우산들 너머로 여장군의
　　모습이 보인다.

여장군　죽음이 바로 눈앞에 오기 전에는 아무도 죽음을 알지 못한다.
　　죽음은 항상 남에게만 오는 줄 알지. 그러나 죽음은 너의 사
　　이에 그림자처럼 존재한다.

　　버스 운전사 핸들을 잡고 무대 한쪽에 나온다.

운전사　문제 없습니다. 내가 운전 경력이 20년이오. 아흔 아홉 고갯
　　길 비포장도로를 10년 트럭을 몰고 다녔소. 이렇게 비오는 날
　　엔 차바퀴가 모래에 밀려 길가로 곤두박질을 칠 뻔한 적도 한
　　두 번이 아니지요. 그땐 핸들이 쏠리지 않게 좌로 틀면 뒷바
　　퀴만 슬쩍 길 밖에 걸리지, 차는 다시 제자리로 돌아오지요.

　　핸들을 튼다. 사람들의 몸이 한쪽으로 쏠린다.

사람들　좀 천천히 갑시다!

운전사　운전사는 달리는 맛에 운전을 하지요. 그리고 제 시간에 버스
　　가 도착해야 수당을 받습니다. 요즘 같아선 길이 막힐지 예상

할 수가 있어야죠? 마음 탁 놓고 계세요. 의자에서 떨어지지 않게 꼭 잡고만 계십시오. 버스가 낡긴 했지만 달리는 데는 지장이 없습니다.

대장군과 여장군 나타난다.

대장군 자신하지 말게. 너무 서두르지 않는 게 좋아. 길지도 않은 시간을 재촉할 뿐이야.

운전사 이까짓 인생, 살아봐야 얼마나 살겠습니까? 짧고 굵게 사는 거지요. 구차한 인생 오래 살 생각 없습니다.

여장군 아무렴, 짧을수록 좋아. 길게 살아야 비참한 꼴만 더 보게 될 텐데 뭘.

클랙슨 소리, 차 속력 내는 소리.

사람들 위험해요.
운전사 위험은 내가 먼저 압니다. 손잡이를 잘 잡기나 하세요.
사람들 조심해요! …… 악!

차가 부딪치는 소리, 강물에 떨어지는 소리……. 사람들의 몸이 흔들리며 하나씩 둘씩 사라진다.

운전사　젠장, 죽일 놈들이 돈 몇 푼 아끼려구 재생 바퀴를 달아놓을 줄 알았나?

운전사도 사라진다.

여장군　이제 내가 할 일이 많아졌군. 강물에 떠 가는 혼백을 건져야 지.

대장군　살아남은 사람들이 더 걱정이야. 그 상처가 더 크고 오래 가 거든.

정재민 창구를 두드리며 소리지른다.

정재민　어떻게 된 겁니까? 두 시 반 차가 도착할 때가 지났는데 소식 이 없으니…….

남자　(성의 없이) 기다려 보세요. 비도 오고 하니까 늦어질 수도 있 죠.

정재민　그래도 이렇게 두 시간이나 늦은 적은 없는데, 저쪽에선 아무 연락 없습니까? (대답 없다) 여보세요, 저쪽으로 연락 좀 해보 세요.

남자　아, 그 양반 기다리라는데 그러시네. 우리도 차가 제 시간에 안 오면 손해란 말입니다. 손님을 싣고 다시 가야 할 차란 말 이오.

정재민 다시 기다린다. 라디오의 뉴스 속보가 들린다.

뉴스 방금 들어온 교통사고 소식을 말씀드리겠습니다. 오늘 오후 4시 40분 홍천발 강원여객 소속 시외버스가 여주 섬강교에서 빗길에 추락, 타고 있던 20여 명의 승객이 사망 또는 실종되는 사고가……

정재민 여보! 성호야!

물에 옷이 젖은 생존자가 무대 한쪽에 나타난다.

생존자 아, 그 여선생님 기억합니다. 제 앞 자리에 타고 있었지요. 댓 살된 사내아이하고 함께 타고 있었습니다. 차 타고 오면서 애한테 엄마가 재미있는 얘길 해주는지 연방 애가 깔깔거리고 웃더군요.

성호가 깔깔대고 웃는 소리가 들린다.

성호 엄마, 그만해, 나 정말 배꼽 빠지겠다.

생존자 그 때 버스가 다리를 건너고 있었습니다. 처음부터 속력을 내서 달리기에 산자락을 돌 때마다 아찔아찔했지요. 차가 다리 중간쯤 건넜다고 생각했는데 기우뚱하면서 미끄러지더군요. 앗차, 정신 차릴 새도 없이 차가 난간을 들이받고 강물로 내리꽂혔어요. 사람과 물건들이 뒤엉키고 비명을 질러대고 아비규환이었지요. 강바닥에 버스가 철렁 닿자 사람들은 서로 살겠다고 창문으로 기어나갔습니다. 누런 강물이 깨진 창문으로 밀고 들어오고, 여선생은 아이를 나한테 부탁하더군요. 내가 그래도 남자라고 튼튼해 보였던 모양이죠? 그래서 전 아이를 안고 물에 뛰어들었습니다……. 그런데 말입니다. 물은 불은 데다 비가 와서 물살은 세고 아이는 제게 찰싹 붙어서 자꾸만 가라앉지 뭡니까? 옷은 물에 불어 무겁지 이러단 둘 다 죽을 것 같더란 말입니다. 그래서 할 수 없이 아이를……. 절 욕해도 할 수 없어요. 그 지경이 되면 제정신이 있는 사람 한 사람도 없을 테니까요…… 아이를 떼어내 버렸습니다. 그 아이가 물에 떠내려가면서 엄마를 찾던 그 소리가 아직도 귀에 쟁쟁합니다. 간신히 뭍에 기어나와 널부러져 있는데 그 여선생이 누군가에 이끌려 뭍으로 나오지 뭡니까? 입으로 물을 토하면서 아이를 찾는 겁니다. 성호야, 성호야……. 흐흐 (울면서) 여선생은 애 이름을 부르면서 물 속으로 들어가는 겁니다. 살아남은 사람들이 잡아 말려도 듣지 않고 물 속으로 자꾸 들어가는 겁니다. 애 이름을 부르면서 강 심으로…… 떠내려가 버린 애를 따라서…….

지영인 성호야, 성호야, 엄마가 간다. 기다려!

생존자 사라져 버린다. 강 언덕에 망연히 앉아 어깨를 들썩이며 소리없이 우는 정재민의 모습만 보인다.

여장군 내가 이미 경고했잖아? 세상에서 얻은 것은 언젠가는 반드시 잃게 된다고!

대장군 입 다물어 할망구야. 인간은 내일 떠나버릴 여자라도 오늘은 사랑한다구. 인간은 내일 시들어버릴 나무라도 오늘은 심고 싶어하는 존재야. 어디 가는 거야?

여장군 내려가서 위로해 줘야지, 도움이 필요할 거야.

대장군 아무도 그를 위로할 수 없어. 아무 소리도 듣지 못해. 우리가 할 수 있는 일은 아무 것도 없어. 그는 지금 고통스러워하며 단지 숨을 쉬고 있을 뿐이야.

여장군 (정의 주위를 돌며) 이제부터 너에게 밤과 낮의 구별은 없어지리라, 밤의 달콤한 잠도 못잘 것이며 꿈도 사라질 것이니……. 오직 바라는 바가 있다면 고통을 멈추는 지름길…… 네 목을 매다는 것이다.

대장군 혼자 있게 내버려둬!

밖에서 아우성소리가 들린다. 정재민 일어나 소리나는 쪽으로 간다.

소리 사람을 이렇게 죽여놓고 모른다면 어떻게 하는 거야?

소리 책임자 오라고 해, 왜 버스 회사에서 아무도 안 오는 거야?

소리 내 남편 찾아내라, 이놈들아.

소리 사체부터 인양해 놓고 봐야 될 것 아니오? 도대체 뭣들 하고 있는 거요?

버스 회사 직원, 이마의 땀을 닦으며 나온다. 정재민도 함께.

직원 나더러 어떻게 하란 말입니까? 내가 운전해 사람을 죽인 것도 아니고 난 그저 사태수습을 위해 파견된 운수회사 말단 직원이란 말입니다. 지금 본사에서 높은 어른들이 사태수습을 위한 여러 가지 조치를 취하고 있는 중입니다. 보상관계며 장례준비며 사고원인 규명 등, 지금 경찰서 군청에 사고 보고하느라 정신이 없습니다. 부상자가 있는 병원에도 가서 치료 문제도 협의해야죠.

정재민 여보시오, 그런 문제는 나중에 협의해도 되는 거 아닙니까? 지금 피해자의 가족들은 시시각각 물에 떠내려가는 죽은 사람들의 시신을 건져올리는 게 급합니다. 저렇게 몸부림치는 가족들이 보이지 않습니까?

직원 잘 알고 있습니다. 그러나 모든 일에는 절차와 순서가 있는 겁니다. 사체가 떠내려간다고 하지만 사람이란 게 죽으면 더 무게가 나가는 겁니다. 더구나 강물에 빠져 죽은 시체는 물에 불어서 더 무겁죠. 제 경험으로 봐선 이 다리 밑에선 백 미터 이내에 어딘가 걸려 있을 겁니다. 멀리 못 가요. 어른이라면…….

정재민 아이라면요?

직원 아이의 시체는…… 그건 장담하기 어렵습니다. 체구가 작고 가벼워서 이런 물살 같으면…… 어디까지 떠내려갈지…….

정재민 그럼 한시라도 빨리 인양작업을 해야 하는 거 아니요? 이런 일을 하는 인명구조대가 있다고 들었는데 왜 불러오지 않습니까?

직원 어제 오후에 구조대원이 와서 물살, 깊이, 인양사체 숫자 등을 대충 조사해 갔습니다. 곧 장비를 갖고 나타날 겁니다.

정재민 곧 온다고 하는 구조대가 이틀이 지나도록 나타나지 않으니 문제 아닙니까? 모두 와서 구경이나 하고 사진이나 찍어가지 실제로 아무 조치도 하지 않고 있어요. 군청 직원도 피해자 이름만 적어가고 무소식입니다.

직원 모든 일에는 다 절차가 있는 겁니다.

정재민 사람이 죽어 물 속에 떠다니고 있는데 절차라니, 대체 무슨 소리를 하는 거요?

인양 장비를 갖춘 구조대원 나타난다. 직원은 나가버린다.

대원 절차가 있어요. 잘 모르시겠지만 비온 뒤라 물 속은 흙탕물 천지예요. 한치 앞이 안 보입니다. 흙이 좀 가라앉은 다음에 인양작업을 해야 하는 겁니다. 그렇다고 금방 찾아지는 것도 아니에요. 강수량과 수속은 정비례하는 겁니다. 수량이 많은 만큼 물살이 세서 사체가 더 아래로 떠내려갈 확률이 많은 겁니다. 보시다시피 저 아래서 강줄기가 오른쪽으로 휘어지지 않았습니까? 그러니까 이런 속도로 물이 흐른다면 저 아래 왼쪽 강바닥 어딘가에 사체가 걸려 있을 확률이 많습니다. 이건 제 오랜 경험으로 봐서 거의 틀림없다고 봐도 됩니다.

정재민 그렇게 확실하다면 뭘 더 기다립니까? 비도 벌써 그쳤고 물도 줄었어요.

대원 압니다, 저도. 될 수 있는 대로 빨리 사체를 인양하려고 저희도 노력하고 있습니다. 어, 저기 보트가 도착했네요.

정재민 그런데 강물을 바라보면서 지금 뭘 하고 있는 거지요?

대원 작업지시가 내려오길 기다리는 겁니다.

정재민 작업지시란 건 또 뭡니까?

대원 저 혼자서 하는 작업이 아닙니다. 지금 저희 본사에서 책임자가 군청직원 경찰 입회하에 사체인양 문제에 대해 협의중에 있습니다. 그 협의만 끝나면 곧 인양작업에 들어갑니다.

정재민 협의라니? 무슨 협의를 한단 말입니까?

대원 사체 일구당 인양 비용에 관해서요.

정재민 여보시오, 지금 한시가 급한 마당에 인양 비용이라니? 그런 건 나중에 해도 되는 거 아닙니까?

대원 잘 모르시는데 이게 이렇습니다. 처음엔 울고 불고 죽은 가족의 사체만 인양해주면 뭐든지 사례하겠다고 사정하고 빌던 사람들도 일단 건져주면 달라집니다. 건진 시체 앞에서 통곡을 하는 가족들에게 돈 얘길 꺼내기도 민망한데 할 수 없이 돈 얘길하면 죽은 시체 가지고 흥정을 하느냐고 멱살 잡히기 십상이지요. 그래서 사전에 계산을 분명히 마쳐놓는 게 우리 사업의 방침입니다.

정재민 인명 구조가 사업이요? 당신들 장사로 하는 일이오?

대원 장사는 아니지요. 어디까지나 구조 사업입니다. 그러나 저희가 하는 일에도 어려움이 많아요. 한번 상상해 보세요. 물속에 들어가서 시체를 찾는 일…… 금방 빠진 시체를 건져올리는 건 일도 아닙니다. 허나 며칠이 지난 시체는 물에 불어 팔뚝 하나가 이만한 데다 머리칼은 산발이 되서 풀어져 너울거리죠. 물살에 눈을 부릅뜨고 쳐다보는 시체를 대할 땐 심장이 멎는 것 같단 말입니다.

정재민 누가 그런 얘길 듣겠답니까?

대원 저희들 하는 일에 어려움을 이해해 달라는 말입니다. 누가 이런 일을 즐겨 하겠습니까? 깊은 물 속에 오래 있다 보면 수압에 귀도 멍멍해지고 사지가 꼿꼿해져서 직업병을 얻는 동료도 있습니다. 그래서 좀 질 나쁜 구조대원 중엔 시체를 찾아도 흥정이 될 때까지 시체를 강바닥에 돌로 눌러놓는 나쁜 놈들도 있고 사체의 주머니를 뒤져 값나가는 소지품을 슬쩍 하는 비양심적인 놈들도 있지만 그건 극히 일부이죠. 저흰 절대로 그러질 않습니다. 그 대신 사전에 계산을 분명히 해두지요.

정재민 모터보트에서 깃발을 흔들고 있는데요?

대원 (보더니) 좀 쉬고 있란 신홉니다. 아직 버스 회사하고 협상이 안 된 모양이군요. 나도 가서 밥 좀 먹어야 되겠어요. 걱정 마십시오. 곧 건져드릴 테니, 이런 일 한두 해 한 게 아닙니다.

대원 나가버린다. 버스 회사 직원이 나온다.

직원 저, 선생님 보상문제에 관해서 상의드릴 게 있는데요.

정재민 지금 그런 게 중요한 겁니까?

직원 곧 사체는 찾아내겠지요. 다른 가족들은 장례비와 보상금 문제에 대해 어느 선에서 타협을 보고 있는데 선생님만이 아직 의견을 내지 않아서…….

정재민 여보시오, 지금 저 강물 속에 내 처자가 있는데 돈 얘기를 해야 합니까?

직원 선생님 심정 잘 압니다. 그러나 돌아가신 분은 돌아가신 분이고 살아남은 유족들은 앞으로 살아갈 대책을 마련해야지요.

정재민 앞으로 살아갈 대책이라니? 난 그런 거 생각해본 적 없어요. 생각하고 싶지도 않고……

직원 시간을 끈다고 피차에 좋을 일이 없습니다. 사체 건지는 일은 구조대원들이 할 일이고 저희 회사나 유족들은 그 사이에 타협을 보는 것이……

정재민 타협이라니?

직원 액수 말입니다. 사체 일구당 보상금에 대해서……

정재민 돈! 당신들은 돈밖에 모릅니까? 인간의 생명이 얼마나 귀중한 것이란 사실을 알지 못합니까? 함께 보낸 그 많은 시간들이 얼마나 값진 것이란 사실을 이해 못합니까?

직원 어차피 죽은 사람인데 옛날 생각을 해서 뭘 합니까? 산 사람은 살 도리를 해야지요.

정재민 나가요. 꺼져버려요. 더 듣기 싫어!

직원 (쫓겨가며) 보험규정이 있으니 까다롭게 군다고 더 받아낼 수 있는 거 아닙니다. 서로 시간만 낭비하는 거예요.

정재민 나가! 나가버려! 인간을 돈으로만 생각하다니…… 오 하나님, 내가 무얼 잘못했습니까?

여장군 아직도 모르는가, 이 어리석은 자야? 네 잘못은, 네가 인간으로 태어났다는 것이야…… 탐욕스런 마음, 악한 의지로만 가득 찬 세상에 생각하는 인간으로 태어난 잘못이지!

정재민 어머니의 뱃속에서부터 나오지 말았어야 했어! 아무도 사랑하지 말았어야 했어! 그래, 내 사랑하는 처자의 죽음을 돈으로 환산하는 세상에 살아남아 구차한 꼴을 보이기보다는 차라리 죽음을 선택하자. 왜 진작 그 생각을 못했던가?

여장군 이제야 해답을 아는구먼. 아무렴, 버릴 것은 빨리 버리는 게 현명해. 더 시간을 지체해 봐야 고통만 연장될 뿐.

대장군 죽음이 네 고통을 멈추게 한다고 누가 그러더냐? 네가 지금 죽으면 저 강물 속에 남긴 네 처자들의 울부짖음을 넌 영원히 듣게 될 것이다. 지하의 어둠 속에서.

멀리서 시체를 건졌다 하는 함성소리가 들린다.

정재민 먼저 아내와 아들을 찾아야 한다. 죽음은 그 다음이다.

정재민 뛰어나간다.

여장군 어차피 시간은 인간의 향유물이야, 죽음에 이르는 시간을 헛되이 소비하는 것도 인간들이지.

대장군 큰소리치지 마. 우리의 시간도 인간의 시간에 맞추어져 있어.

여장군 시공을 넘나드는 초월한 시간 속에 있지.

무대 뒤 포장이 젖혀지면 지영인의 사체가 흰 보로 목 부분까지 덮인 채 뉘어져 있고 정재민이 머리맡에 앉아서 아내의 긴 머리카락을 정성스레 대야의 물로 씻어주고 있다. 빗으로 머리를 빗어주면서…….

정재민 살아 생전에 못 감겨준 당신의 머리를 이제야 감겨주게 되었소. 당신은 늘 내 머리를 감겨주었는데…… 당신은 잠이 들었어도 이렇게 머릿결이 부드럽구려, 내 몸 구석구석에 아직도 남아 있는 당신의 손길처럼. 오! 하나님, 내가 어찌 그 순간순간의 아름다운 기억들을 잊을 수 있습니까? 여보, 얼마나 내가 원망스러웠소? 얼마나 아팠소? 당신이 성호를 찾아 다시 물 속으로 들어갔다는 얘길 들었을 때 난 당신이 얼마나 나와 성호를 당신 자신보다 더 사랑했는가 알 수 있었소. 오, 우리에겐 사랑이란 말이 어울리지도 않았지, 사랑이란 말로 표현하기엔 우리의 사랑은 더 컸으니까…… 여보, 이제 곧 성호도 우리 곁으로 올 거요. 내가 당신을 씻겨준 것처럼 우리 성호도 내가 깨끗이 씻어주겠소…… 소리내어 엉엉 울고 싶은데 눈물도 나오지 않는구려, 이렇게 목이 메이는데도 내 눈물로 당신의 머리를 감아주고 싶은데…… 울 수가 없소.

여장군 내가 대신 울어주지, 아…… (조롱조의 신음소리를 낸다)
대장군 이런, 아무리 장승이라도 품위를 지켜! (끌고 간다) 우린 지방 문화재야.

포장이 쳐지며 정재민과 아내 사라진다. 어부가 그물을 들고 나온다.

어부　저는 강화 바로 앞바다에서 새우잡이로 연명하는 어부입죠. 그 날은 오랜 비가 온 후에 처음으로 바다가 잔잔하여 조각배를 몰고 뗏목이 쳐진 여울목으로 나갔죠. 뗏목에 새우잡이 그물을 설치해뒀기 때문에 그물을 거두어 보려구요. 뗏목으로 배를 저어 가보니 옷 뭉텅이 같은 게 걸려 있었어요. 배를 저어서 가까이 가서 보았죠. 아이의 시체였어요. 한쪽 옷자락이 뗏목 가장자리에 간신히 걸려 있더군요. 뗏목을 잘못 건드렸다간 시체가 망망대해로 그냥 흘러가버릴 것 같고 사방을 둘러보았습죠. 도움을 청해야겠다 싶어서…… 마침 근처에 수해복구 작업을 하던 공무원들이 바다 어구에 걸린 쓰레기를 치우고 있었어요. 그들을 불렀죠.

어부, 그들을 향해 손을 흔든다.

어부　저, 이보시오…… 여기 좀 와주세요…….

공무원　(소리만) 왜 그러우?

어부　여기 아이의 시체가 걸려 있어요. 빨리 좀 와주세요.

공무원　뭐가 걸렸다구? (나와 본다)

어부　저기, 어디서 흘러왔는지 모르지만 아이의 시체 같소.

공무원　음 그렇구만…… 사내아인데…….

어부　손을 좀 빌려주시구려.

공무원　그냥 밀어버려요.

어부　밀어버리다니요?

공무원　뗏목을 치우면 그냥 흘러가겠구만…… 골치 아프게 그런 것

건져서 뭘 하려구 그래요?

어부 뭘 하다니요? 이건 물고기가 아니라 사람이에요.

공무원 지금 할 일이 많은데 그거 건졌다간 귀찮은 일이 또 하나 는 단 말입니다. 수해복구 하느라 바빠 죽겠는데 주인 없는 시체 까지 건져서 그 뒤처리를 누가 감당하라구요.

어부 이 넓은 바다에 하필 내 뗏목에 걸린 것은 나더러 구해달라는 뜻 아니겠소? 어찌 내가 이걸 그냥 망망대해로 흘러가게 합 니까?

공무원 하, 그 영감 참…… 건져낸다고 다시 살아납니까? 어차피 묻 을 아인데…….

어부 아이를 잃은 부모는 얼마나 안타깝겠습니까? 비록 시체라도 건져서 부모 품에 돌려줘야지요.

공무원 허 참, 어디 건져봅시다.

어부 그 시체를 건져올렸습죠. 그래서 보건소 시체 안치실에 옮겨 놓았습니다. 난 그저 누군가 이 아이의 부모가 나타나길 바랐 어요. 그런데 그 시체에 천만 원 보상금이 걸려 있는 줄 누가 알았겠습니까?

공무원 그 시체는 제가 건진 겁니다. 그날 수해복구차 한강 하구에 나갔다가 새우잡이 뗏목에 걸려 있는 아이의 시체를 발견했 습니다. 뗏목 임자인 어부가 어떻게 처리할지 망설이고 있는 현장에서 제가 부하직원을 시켜서 건져올렸습니다. 당연히 보상금은 제가 받아야 합니다. 그 어부의 새우잡이 뗏목은 허 가를 받지 않은 불법 어로로 관에 고발조치했습니다.

어부 야, 이 도둑놈아, 네가 시체를 찾았어?

공무원　뭐가 어째? 이 영감이 누굴 도둑이래? 난 국가 공무원이야.

어부　그러니까 도둑이지, 돈이 탐나서 시체를 가로채는데 도둑이 아니란 말이야?

　　　공무원과 어부가 서로 **싸운다**. 야비하게 밀고 당기며 **퇴장한다**.

대장군　이젠 이 사람의 죽음을 막을 길이 없구만.

여장군　이 속된 세상에서 벗어나는 길은 내 품에 안기는 것뿐이지. 어서 목을 매! 내가 쉴 곳을 마련해주지.

　　　정재민, 아들 성호를 안고 나온다. 아주 천천히⋯⋯.

대장군　(유서 **읽는다**) 제가 모든 준비를 마쳤을 때 우리 아들은 저의 앞에 모습을 나타냈습니다. 항상 헌신적이고 겸손하며 피곤한 저를 풍요롭게 해주던 가엾은 고운 아내와 아빠 하고 부르며 저를 향해 달려오는 듯, 뒹굴며 씨름하자 조르던 아들은 죽은 이후에도 저로 하여금 세상에 걸린 마음 아픈 빚을 정리할 수 있도록 해주었습니다. 이제는 더 이상의 유한이 없습니다. 처자를 따라간 저의 죽음을 애통해 하지 말 것을 당부드리며 오히려 세 식구의 하늘나라에서의 만남과 행복을 기원해주시기 바랍니다. 사랑스런 아내와 자랑스런 아들을 다시 만날 것을 생각하니 더 없이 평온하고 즐겁습니다.

　　　반대편에서 지영인 나온다. 성호의 손을 **잡는다**. 성호 바로 선다.

정재민과 지영인, 성호의 손을 잡고 나란히 걸어나온다.

여장군 (읽는다) 모든 것이 하늘의 섭리라고 믿으며 저희들의 행복을 찾아가오니 부디 슬퍼하거나 애석해 하시지 말고 살아계신 분들은 나름대로의 행복을 찾아 따사롭게 사시는 것이 저의 소망입니다.

무당을 선두로 모든 인물들이 만장을 들고 나온다. 어이 어이 곡소리를 음송하며 세 사람을 에워싸고 나간다. 이들은 장승 앞을 지난다. 모두 퇴장한 무대에는 장승만이 남는다. 행렬을 따라나갔던 두 남자가 다시 등장한다. 와서 장승을 둘러본다.

남자1 어때 이 물건?
남자2 좋은데? 꽤 오래된 거 같애.
남자1 얼마나 됐을까?
남자2 한 오십 년은 넘은 거 같은데?
남자1 개당 백은 받을 수 있겠지?
남자2 임자만 잘 만나면 두 개에 삼백은 받아낼 수 있어. 누가 오나 잘 봐.

남자1 망을 본다. 그 사이 남자2는 포대를 편다. 삽을 꺼낸다.

남자1 됐어, 아무도 안 와. 다들 장례 치르고 수고비, 보상비에 신경 쓰느라 여기에 관심 기울이는 사람 없어.

남자2 시작하지.

두 사람 장승의 밑을 파기 시작한다.

남자1 임자가 나설까?

남자2 일본 놈이라면 개당 이백도 받을 수 있어.

남자1 일본으로 싣고 가지.

남자2 그럼 삼백은 문제없어, 그 애들 우리 장승을 무척 좋아하거든.

남자1 내 조카가 똑딱선을 한 척 갖고 있는데…….

남자2 일본에까지 갈 거면 이런 거 한 쌍 더 구하면 좋을 텐데…….

남자1 돌아다녀 보지. 구석 마을마다 이런 게 한 쌍씩은 있어.

남자2 웬만한 것은 벌써 우리가 다 팔아먹었어. 남은 건 요즘 만든 것들이야.

남자1 그래도 어딘가 숨겨진 게 있을걸.

장승을 뽑아 땅에 누인다.

남자1 어서 가자구.

흰 천으로 장승을 둘둘 말아 싸들고 사방을 둘러보며 퇴장한다.
장승이 서 있던 자리는 텅 비었다. 바람소리.
멀리서 어이어이 장송곡이 들려오고 소나무만 바람에 스산한데
천천히 막 내린다.

환경과 언어에 대한 탐색

서연호 | 연극평론가 · 고려대학교 국어국문과 교수

1

윤대성은 무대와 TV를 통해 관중들에게 익숙한 극작가이다. 67년 동아일보 신춘문예에 「출발」이 당선되면서 작품활동을 시작했다. 그의 작품들은 소재나 형식에서 각기 다양한 면모를 보이고 있으나, 두드러진 특징으로 드러나는 것은 오늘날 우리들의 삶을 구성하고 결정하는 환경적 조건과 요소에 대하여 집요한 관심이다. 아울러 이러한 관심을 극작으로 구체화시키는 데 있어서 서사극 양식 내지는 기록극의 방법이 빈번하게 활용되어 온 것도 간과할 수 없는 특징이다.

삶의 환경에 대한 통찰이라는 그의 작가적 중심과제와 극작품으로서의 구현 및 통일이라는 전제에서 볼 때, 그의 「출세기」(1974)와 「신화 1900」(1982)은 대표작으로서 주목된다. 여기서는 이 두 작품을 비롯하여, 「미친 동물의 역사」(1970), 「혁명과 사랑」(1994), 「천하대장군 지하여장군」(1994)을 간략히 살펴보기로 한다.

「미친 동물의 역사」는 70년대의 군사독재 체제하에서 한국인의 실존문제를 희화적(戲畵的)으로 다룬 작품이다. 부조리극의 영향이 보이는 이 작품은 현실 자체를 취급한 것이 아니라, 현실을 패러디한 메타드라마로서 일종의 현실고

발을 꾀한 것이다. 희화의 방법으로 차용된 것이 '미친 삶'이다.

전직 교장선생과 창녀 출신의 그의 딸, 전직 교통순경과 외로운 화가 등이 범죄자 수용소에 갇혀 있다. 그들은 모두 현실에서 고발당한 사람들이며 어느 정도는 실성한 모습으로 행동한다. 그들의 소박한 꿈은 현실 체제에 의해 모조리 일그러졌으며, 보이지 않은 명령체계에 의해 그들은 하나씩 죽음을 맞게 된다. 가난한 교장 아버지 때문에 창녀가 된 딸은 수용소에서 만난 화가와 사랑에 빠진다. 그러나 창녀는 곧 죽음을 맞는다. 사람이 사람답게 살 수 없는 불모의 환경, 그 환경에 놓인 가난하고 선량한 서민들의 실존적 삶을 메타구조로 보인 작품이다.

「혁명과 사랑」은 노사분규와 파업에 얽힌 현실문제를 다룬 보기 드문 사실극이다. 젊은이들의 순수한 민주화 투쟁과 노동자 옹호운동이 지속되는 가운데, '혁명'이라는 명분을 등에 엎고 정치적인 야망을 달성하려는 조직이 암약하는 모습을 대조적으로 부각시켰다. 말하자면 혁명의 순수성과 목적성, 선악(善惡)의 이중성을 다룬 것이다. 통기타 노래를 통해 정열과 의지에 넘치는 작품의 분위기를 살린 것도 이채롭다.

데모로 1년 6개월의 형기를 마치고 출소하는 박명일을 가족과 대학생 친구들이 맞는 데서 이 작품은 시작된다. 그는 소위 운동권학생으로 제적생이 된 처지이다. 그의 앞에는 노학(노동자와 학생)연계 투쟁에 가담하라는 새로운 지령이 내린다. 그는 보이지 않는 배후의 조직과 지령에 따라 움직여야 하는 신종의 규율에 일면 불쾌해 하면서도 자유, 민주, 평등이라는 이념을 실현하기 위해 투쟁을 포기하지 않는다.

부친이 경영하는 회사의 노사분규에 자진해서 뛰어드는 데서 그의 투쟁은 현실화 된다. 배후가 조종하는 노사분규인 줄 알고 있는 그는, 완고한 아버지를 설득해서 타협을 선언하도록 한다. 노조위원장의 무고한 '분신'을 막기 위해서다. 그러나 위원장은 온몸에 불이 붙어 상처를 입는다. 명일은 불씨를 던진 배후의 사나이를 친구들 앞에서 과감하게 때려눕힌다. 조직의 순종자로 오해해서 한 동안 명일을 기피했던 애인 소연이 마지막 장면에 나타나자, 두 사람은 혁명적인 결혼을 선언하고 호텔로 직행한다. 주인공 청년의 성격을 선명하게 형상화시킨 것이 돋보이는 작품이다.

「천하대장군 지하여장군」은 부부 장승이 해설자로 등장하고 자살한 청년의 일생을 플래쉬 백으로 재현하는 서사극이다. 청년의 일생을 역설적으로 보임으로써 우리 사회가 지닌 본질적인 모순을 제시하고자 한 것이다. 소나무 밑에 서 있는 부부 장승은 청년의 자살을 계기로 그를 알게 되었고, 노부부로 변신하여 대화도 나눈다.

청년은 육사시험에 합격했지만 백부가 월북했기에 소위 연좌제(緣坐制)로 불합격된다. 대학시절에서는 총학생회장을 했다는 이유로 데모 주동자로 몰려 옥살이를 한다. 겨우 대학을 졸업하고 후배와 결혼했지만 그는 경기도의 교사로, 아내는 강원도의 교사로 발령을 받아 별거하게 된다. 어느날 그는 자신을 만나기 위해 달려오던 아내와 아이를 버스사고로 모두 잃는다. 그는 저승에서 가족을 만나기 위해 자살한다. 이처럼 이 작품의 상황은 모순으로 점철돼 있다. 이 작품에서 비정하게 내던져진 그들 부부의 삶을 따뜻하게 이해하고 감싸주는 것은 장승 부부뿐이다. 마지막 장면에서 장승 부부도 도굴범들에 의해 해외로 팔려 나감으로써 모순은 심화된다.

2

1967년 8월과 9월에 걸쳐 온통 세상을 놀라게 했던 광부 매몰사건은 아직도 기억하는 사람들이 많다. 화제의 광부 양창선은 충남 청양군 사양면에 있는 구봉금광의 무너진 굴 속에서 16일 동안이나 견디어냈다. 파묻힌 광부가 살아 있다는 사실이 확인되자 모든 언론기관에서는 날마다 양 씨의 기사를 보고하였으며, 그를 구출해 내기 위한 작업도 모든 어려움을 이겨내면서 계속되었다. 세상의 화제는 8월의 늦더위 속에서 온통 그의 생환에 집중되었다.

「출세기」는 이 양창선의 이야기를 소재로 하여 오늘날 우리가 처한 삶의 환경을 고찰하려는 의도를 지닌 작품이다. 1974년 10월에 초연된 이후 부분적인 개작과 더불어 몇 차례 공연되었다. 이 작품 이후 이강백의 「쥬라기의 사람들」이나 윤조병의 「모닥불 아침이슬」과 같은 광산촌을 다룬 수작들이 뒤를 이어 발표되기도 하였다.

이 극은 개방적인 무대에서 시간의 흐름에 따라 행동을 엮어가는 형식을 취하고 있는데, 전반부에서는 매몰 광부인 김창호가 구출되기 전까지의 사건을 담고 있으며, 후반부는 그 이후 주인공의 편력을 더듬고 있다. 출세기라는 제목은 바로 한 광부의 이른바 출세과정을 그와 관련된 사회 현실과 더불어 거의 사실대로 기록·기술해 나가는 데서 붙여진 이름인 셈이다.

연극은 어두운 탄광 내부에서 시작된다. 광부들이 일을 하는 동안 굉음과 함께 굴이 무너져내리며 주인공 김창호의 부인과 두 아이들이 절망하는 모습이 보인다. 탄광촌이 온통 떠들썩한 분위기에 휩싸인다.

주인공의 갱 내 생존 사실이 밝혀지면서 무대는 더욱 소란스러워진다. 생명의 존엄보다는 발굴비용에 더 민감한 광업소측, 사고의 원인이나 근본 문제점의 규명 보도보다는 매몰기록 수립에 더 관심을 기울이는 신문기자, 기회를 틈타 직업적인 권위를 세우려는 의사들, 불리한 여론에 대하여 형식적인 체면을 세우기 위해 나타난 회장비서, 서울에서 왔다는 목사, 계룡산에서 온 도사, 각지에서 몰려든 구경꾼들, 주변의 잡다한 행상들, 사고처리로 인한 호경기가 되도록 오래 지속되기를 은근히 기대하는 술집마담, 구출을 축하하기 위한 밴드부원의 출연 등, 광산촌 주위에는 온통 법석이 일어난다.

그런데 이런 인물들의 한결같은 공통점은 인간에 대한 존엄성이나 생명의 구원에 대한 진지한 노력보다는 자기과시·명예심·책임회피·호기심·이익획득에 치중되어 있다는 것이다. 사건을 둘러싼 인물들의 이러한 행동양상은 현대인들의 태도와 심리를 집약해 보여준다. 이러한 성향은 주인공이 구출된 이후 후반부에서 전개되는 편력을 통하여 지속적으로 추구됨으로써, 작가가 추구하고자 하는 중심적 과제에 접근하고 있다.

주인공이 굴 속에서 가장 보고 싶어했던 사람들은 다름 아닌 가족이었다. 그러나 그는 곧장 병원으로 가 응급처치를 받은 후 헬리콥터에 의해 서울로 이송된다. 의사들은 세계 생리학계에 보고할 자료를 얻기 위해 그를 괴롭힌다. 이어 계속되는 기자회견·방송출연·초대연 등으로 난리를 겪는다. 여러 날 만에 집으로 돌아온 그의 손에는 선물꾸러미가 몇 개 들려 있을 뿐인데, 그나마도 소모품 사치품들이어서 그의 생존과 가난을 해결하는 데 도움이 되지 못한다. 광산회사측은 김창호에 대한 보상은커녕 부도를 내고 도주함으로써 그 책임을 회피한다.

살길이 막연해진 주인공은 수난과정에서 터득한 출세의 비결을 믿고 다시 서울로 간다. 이름과 얼굴을 팔기 위해 공개방송·쇼무대를 전전하며 단시일에 큰돈을 모으게 된다. 지하의 어두움 속이 아닌, 지상의 밝고 화려함 속에서 그는 쉽고 빠르게 돈을 모으게 되고, 화류계의 여성과 동거생활을 하는 즐거움도 누리게 된다.

그러나 그는 애써 모은 돈을 매니저와 기생에게 탕진한다. 아울러 그의 신기록에 열광하던 사람들도 차차 무관심과 냉소로 기울어 버린다. 다시 고향으로 가는 차를 타야 했을 때, 그는 차비마저도 구걸해야 할 지경에 이른다. 광산 마을에 이르자 다른 매몰사건이 생겨서 광산촌이 들끓고 있었다. 그는 죽어가는 광부에게 미친 듯이 부르짖는다.

'갱 속에서 오래 견디려면 바깥 생각은 말아야 된다. 꾹 참고…… 희망을 갖구…… 희망.'

그에게는 절망과 좌절의 빛이 역력하게 드러나 보인다. 한 광부의 출세와 좌절, 갱내의 빛과 같이 어둡고 그늘진 인생편력, 그의 삶을 불가피한 현대인의 비극으로 결정지어 가는 사회 현실과 환경, 더 나아가서 부조리와 모순에 가득 찬 오늘의 상황이 작품 속에서 다양하게 그려지고 있다. 이 작품은 실제적인 사건의 극화를 통하여 인식적 충격을 가할 뿐만 아니라, 사건과 주인공의 편력을 둘러싼 주변 인물과 사회적 반응을 다각도로, 사실적으로, 그러면서도 때로는 그러한 요소들을 희화화(戱畵化)함으로써, 사회성을 설득력 있게 구축시켜 놓았다. 작가적 역량과 업적은 바로 이러한 성과에서 확인된다.

3

「신화 1900」은 제6회 대한민국연극제(1982.8.19~24)에서 공연되어 호평을 받은 작품이다. 작품에 등장하는 주인공 김기창은 한 소년을 살해한 공범이라는 누명을 쓰고 검거되었고 사형언도까지 받았으나 대법원에서 무죄석방된 청년이다. 기창은 오랜 동안 살해 사건에 관한 조사와 심문, 그리고 재판을 겪고 그 고초로 인해 강박관념 피해망상이라는 증세로 어느 정신병원에서 치료를 받고 있다. 그의 증세는 쉽사리 치유되지 않는다. 담당 의사인 서 박사는 그를 치료하기 위해 평소 친분이 있는 어떤 작가를 초청해서 함께 사이코 드라마를 만들어 보기로 작정한다.

기창의 증세를 치유하기 위한 목적으로, 아울러 다른 환자들의 병세도 호전시켜 보려는 의도로, 넓은 병원의 홀에서 사이코 드라마가 시연된다. 이 드라마를 통해서 청년이 체험했다는 사건이 압축 재구성되고, 그 전모가 병원에 들어와 있는 환자들과 그것을 구경하러 온 관중(독자)들에게 드러나기 시작한다. 연극 속에서 펼쳐지는 또 하나의 완벽한 연극을 만들어 보려는 것이 이 작품의 전체적인 틀이다.

기창의 사건을 재구성하기 위해 병원의 홀은 다양한 공간으로 활용되고, 공연상의 시간은 사건의 시간으로 다양하게 전환되어 다원화된다. 그리하여 병원의 홀은 살인 사건의 현장, 재판정, 모의장소, 취조실, 사형장 등으로 변전하고 연극의 시간은 사건에 따라 현재와 과거가 자유자재로 교차되면서 흘러가게 된다. 극중극을 꾸미기 위해서 김기창은 피고인이 되고 작가는 판사, 서 박사는 변호사, 다른 환자들이 각기 검사, 공범, 애인, 증인, 기자 역을 맡게 된다. 이 작품의 갈등의 축은 재판정이 된다. 잦은 행위의 변화에도 불구하고 그 행위들은 판사석을 축으로 이루어지고 변화된다.

한편 이 작품의 갈등의 초점은 기창의 소년 살해에 대한 진부를 가리기 위한 행위들에 모아진다. 작가는 갈등의 축과 초점을 집요하게 고수함으로써 거기서 이루어졌던 엄청난 사건의 조작을 분명하게 밝히는 한편, 그러한 조작극이 지니고 있는 오늘날의 사회적인 의미를 넌지시 파헤쳐 보려는 의도를 드러낸다. 말하자면 이 작품의 재판장면은 하나의 단순한 연극 형식을 넘어서 오늘의 사회상 전체를 피고로 놓고 재판해 보려는 예술적인 재판극(이러한 양식은 연극사에서 오랫동안 전승되어 왔음을 상기할 수 있다)으로서의 성격을 지닌 셈이다. 따라서 이 작품은 정신 질환을 치유하기 위한 사이코 드라마, 환자의 과거가 재구성되어 펼쳐지는 극중극, 극중극을 통해서 밝혀지는 온갖 사회의 조작극들, 조작극들의 진실을 파헤치기 위한 재판극의 다양한 양식을 아우르게 된다.

이처럼 윤대성이 드라마를 엮어가는 방식은 기교와 재치로 충만하다. 이 작품에서 작가의 드라마투르기는 풍부한 현실 감각, 극적인 긴장과 흥미, 재치있는 화술을 드러내 보이기 위한 단순한 방법에 머무는 것이 아니라, 보다 차원을 높여 보편적인 진실을 표현하려는 방법으로 극적인 언어 체계를 구비하려는 시도로 나아가고 있다.

애당초 정상과 비정상의 구분 또한 애매한 것이다. 증상이 또렷한 경우를 예외로 취급한다손 치더라도 상당 부분은 분명하게 구별지을 수 없다. 멀쩡한 사람, 좀 괴벽스러운 성격의 소유자가 비정상적인 사람 혹은 이상 성격의 소유자로 간주된 예는 허다하다. 역사적으로 무수한 천재, 학자, 예술가들은 오히려 정신이상자의 대접을 받았던 것이다. 정작 환자를 진단하는 의사 자신이 정신이상자인 경우에는 더욱 문제가 커지고 심각해질 수 있다. 그리하여 정상인 편에서 보면 비정상인이 미친 사람으로 보이고, 비정상인의 입장에서 보면 정상인이 오히려 실성한 사람으로 보이기가 십상이다.

작품 「신화 1900」에서 가장 중심이 되는 작가의 관심은 광인을 만들어 내는 그 사회이며, 결과적으로는 그 사회 전체의 광인화가 내포하는 비극성이다. 어떤 사람이 미쳐서 정신병원에 들어갔다. 그는 왜 미쳤는가? 이것이 작가의 첫번째 관심사이다. 다음으로 그가 미친 사람이기 때문에 그로 인해서 어떤 일이 발생하는가가 작가의 두 번째 관심거리가 된다. 이러한 문제에 심층적으로 접근하기 위해서 주인공인 김기창과 재판장 역할을 맡는 작가(바로 작가의 분신이라 할 수 있다)를 등장시킨다. 작가의 관심사는 구체적인 인물을 통해서 마련되는 연극적 객관화에 있다.

동네 친구 한돌이의 고발로 살인혐의자의 누명을 쓰게 된 기창은 형이 확정되는 순간까지 자신의 결백을 주장한다. 그러나 검찰측의 치밀하고도 끈질긴 추리에 따라 그의 범행동기, 범죄사실, 범죄 구성요건은 모두가 사실로 체계화되고 위장된다. 이 작품에서 검사역은 전에 고등고시에 몇 차례 낙방하고 나서 정신이상이 된 환자가 맡는다. 기창을 살인자로 만드는 데에는 검사 이외에도 여러 사람이 가담한다. 우선 신문기자(언론)는 검사의 공판 청구 이전에 피고인을 단순한 용의자가 아닌 살인범으로 단정하는 기사를 대서특필한다. 그 이유는 독자를 놀라게 하여 신문을 많이 팔기 위해서이다. 기사 몇 줄에 의해 기창은 사실에 관계없이 살인자로 낙인찍힌다. 기자는 법정에서 말한다. "진실이란 도대체 뭔가요? 이 세상 어디에 진실이 있습니까?"라고……

주인공의 동네 친구인 한돌이는 이전의 작은 실수로 인해 번번이 전과자 취급을 받는 데에 불만을 품고 "법에 복수하고 검사를 골탕먹이기 위해" 스스로를 범죄자로 위장하고 기창을 공범으로 이끌고 들어간다. 고아 출신인 순범은 불행했던 과거로 인해 갈 곳이 없으므로 감옥으로 들어가 거처할 생각으로 역시 한돌이의 공범으로 자처하고 나선다. 여기에 기창을 범행 장소에서 목격했다는 아베크 남녀, 시체를 운반했다는 운전사까지 가세함으로써 기창의 살인 혐의는 좀처럼 벗겨지기 어려운 사실로 확정되기에 이른다.

드디어 그는 사형언도를 받고 교수대 앞에 이른다. 이 자리에서 한돌이와 순범이는 자신들의 지금까지의 범죄 시인이 거짓이었음을 밝힌다. 기창의 애인인 최혜숙도 나타나 살인 당일 밤 그의 알리바이를 구체적으로 제시한다. 증인들도 검찰에 수차 불려다니기 싫어 그들 멋대로 되는 대로 증언했음을 뒤늦게 털어놓는다. 모든 사태가 허위극, 조작극이었음이 드러난다. 그리하여 그는 무죄가 된다. 그러나 오랜 동안에 걸친 고통과 상처로 인해 기창은 깊은 정신적 질환을 얻게 된다. 결국 그를 환자로 만든 것은 그 자신의 결함 때문이 아니라 바로 현대사회, 오늘의 주변 인간들이었던 것이다.

이제 두 번째의 관심사를 지적할 때가 왔다. 정신병원에 들어온 주인공은 어떻게 되는가? 극중극이 끝나가고, 그가 무죄로 판결되는 순간, 지금까지 재판 과정을 지켜보던 환자들은 동요를 일으킨다. 흥분한 환자들은 기창을 이끌고 나간다. 작품의 끝에서 그는 결국 교수당한 시체와 같이 철창에 매달려 있다. 이 광경을 뒤늦게 목격하게 된 서 박사는 경악과 충격을 억제치 못하고 미친 듯이 웃는다. 이리하여 주인공의 죽음은 불가피한 현실이 되고 만다. 다른 환자들의 피해의식과 사회에 대한 저항감을 보상하는 수단의 하나로 주인공은 그들의 손에 살해당한 셈이다. 그의 정신질환이 타인들에 의해 이루어졌듯이 그의 운명 역시 타인들에 의해 결정되기에 이른다.

그렇다면 「신화 1900」을 통해서 작가가 표현해 보이고 있는 일련의 행위들의 의미는 무엇인가. 그것은 한마디로 오늘날 우리 사회의 병리현상에 대한 증언이요, 고발이다. 청년은 아무런 잘못 없이 살인자로 몰리게 되고 교수대 앞에 서게 된다. 청년이 소속한 사회의 여러 구성분자들은 그를 살인자로 조작하는 데 의식적으로 혹은 무의식적으로 동참한다. 여기서 개인의 양심 선언은 오히려 거짓으로 몰리고 인권은 송두리째 짓밟힌다. 대중이 원하는 것은 사건의 진실을 밝히는 일이 아니라 엽기적인 사건에 얽힌 극적 즐거움을 얻는 것이며, 즐거움을 충족시키기 위해서 대중은 타인을 범죄자로 모는 일을 서슴없이 자행한다. 모두들 자기만의 명예, 출세, 이익, 쾌락, 안녕을 위해서 타인을 희생시키는 데에 주저함이 없다. 이 작품에서 특히 검사측의 비인도주의적 행위는 사회적 병폐의 극점을 제시한다.

병리 현상의 문제점은 청년측보다는 오히려 그를 미치게 한 사회측에 더 큰 비중이 주어져 있다. 즉 청년이 미치기 이전에 벌써 사회가 극심한 광기 속에 빠져 있는 것이다. 청년이 속한 사회는 광인사회이기에 그 역시 그러한 환경적 여건 때문에 쉽사리 미칠 수 있는 것이다. 머튼(Merton)은 대중사회의 사회적, 도덕적 무질서 현상을 지적하면서 아노미(anomie)라 정의한 바 있거니와 이 작품에 등장하는 여러 구성원들의 비인간적인, 비윤리적인 범죄적 일탈행위(逸

脫行爲)는 우리 사회의 아노미 현상의 한 측면을 희화적으로 재현해 보이고 있다. 작가는 미친 청년보다 실제로는 더욱 심한 광기를 드러내고 있는 사회적 현실을 조명함으로써 사회의 병리 현상을 조직적으로, 아이러니하게 드러낸다.

그렇다면 이 작품이 본질적으로 내포하고 있는 비극성은 무엇인가? 그것은 병든 사회가 장차 불가피하게 부딪칠 수밖에 없는 좌절과 패배, 침체와 절망의 예시다. 이 작품에서 청년의 결과적인 패배는 결코 개인적인 차원의 문제가 아님을 주목해야 한다. 사회 내의 구조적 모순, 환경적으로 만연된 병리현상 때문에 정신병자가 된 청년은, 이번에는 같은 병원의 동료들에 의해 살해된다. 어디든 그 청년이 안주할 수 있는 환경은 없다. 그는 유죄, 무죄에 관계없이 불가피하게 좌절당한다. 청년의 문제는 결코 그 개인적 사건으로 끝나지 않는다. 우리들 모두가 누구나 그와 유사한 체험을 겪고 있으며 서로가 서로를 증오하고 밀고하고 살해(정신적 살인을 포함한다)하면서 살아가고 있다는 해석이 가능해진다.

끝으로 작가의 작품에 임하는 태도에 대해서 소략하게 언급해 두고자 한다. 작품 「신화 1900」은 비극적인 결말을 지니고 있기는 하나 작품의 군데군데에서 웃음을 자아내는 희극적인 행위들이 나타난다. 그리고 그러한 행위들은 작품과 독자의 거리를 좁혀 친근미를 북돋우는 데 기여한다. 그 행동이란 바로 우리 독자들의 일상성이 반영된 것이기에, 일면 냉소의 대상이 되면서도 극적 분위기를 설득력 있고 흥미있게 이끌어 준다. 이러한 점으로 미루어 작가는 이 작품에서 사회풍자적인 효과를 동시에 기대하고 있음이 분명하다. 즉 사회적 병리현상이 안고 있는 비극적인 측면과 아울러 그러한 현상을 일으키고 있는 사람들을 비판하고 일깨우고자 하는 풍자성을 동시에 함축하고 있는 셈이다.

4

윤대성의 작가적 특성을 한마디로 요약하면 환경에 대한 집착과 아이러니한

언어의 탐색이라 할 수 있다. 그는 삶을 구성하고 결정하는 환경적 조건과 요소에 대하여 집요한 관심을 드러내며, 개인이 그가 소속한 사회와의 관련 속에서 불가피하게 행동하고 타의적으로 이끌려가는 행동양상을 다각적인 사례로서 제시한다. 사회에 대한 개인적 적응과 개인에 대한 사회적 반응을 선명하게 표출시켜 보려는 의도가 강하다.

그는 한 개인의 삶에 대응하는 사회 전체를 피고로 놓고, 개인을 심판하고 있는 사회를 오히려 범죄의 원천으로 단죄하고 비판하는 방식을 즐겨 사용한다. 미친 사람을 양산해 내는 사회, 정신병자를 제조해 내는 사회, 멀쩡한 정상인을 바보로 뒤바꾸어 놓는 사회에 대해 고발과 야유를 서슴지 않는다.

그의 작품에 내포한 비극성은 대체로 사회적·환경적인 결함에서 비롯된다. 「출세기」의 김창호, 「신화 1900」의 김기창, 「망나니」의 피천수, 「노비문서」의 강쇠, 「너도 먹고 물러나라」의 모조리네 등과 같은 인물의 비극성이 모두 그러하다. 성격적인 결함이나 실수에 의한 것이 아니라 불가피한 주변 조건 때문에 숱한 인간들은 불행한 결말을 맞게 된다. 이 점이 윤대성 희곡이 담지한 현대성이다.

극작가로서 전통적인 연극의 방법을 서구적인 양식과 절충시켜 형식의 새로운 개방과 모색을 꾀한 것도 역사적인 의의를 지닌다. 그의 작품구조는 아이러니의 세계다. 그의 특기는 시치미떼고 꾸며대기인 것이다. 작품 속에서는 주인공 개인이 활약하고 있으나 사실은 그 뒤에 숨겨진 주변 세계의 실상과 그에 대한 메시지를 드러내고 싶은 것이 작가적 의도이다.

그의 아이러니 구조에서 두드러진 기능을 하는 언어는 희화성과 냉소의 언어이다. 그는 웃어가면서 침을 뱉는다. 오늘의 사회에게, 개인에게, 관객들에게, 끝으로 자기 자신에게까지 차가운 시선과 따뜻한 미소를 동시에 보내고 있는 것이다.

공연예술신서 · 4 3

윤대성 희곡 전집 • 3

초판 1쇄 발행일   2004년 2월 27일

지 은 이   윤대성
만 든 이   이정옥
만 든 곳   평민사
　　　　　　　서울시 서대문구 남가좌2동 370-40
　　　　　　　전화: (02)375-8571(代)
　　　　　　　팩스: (02)375-8573
http://www.pyungminsa.co.kr
E-mail pms1976@korea.com

등록번호   제10-328호

ISBN   89-7115-399-7   04680(SET)
ISBN   89-7115-402-0   04680

정 가   10,000원